# 心一堂術數古籍珍本叢刊

書名：三元陽宅萃篇
系列：心一堂術數古籍珍本叢刊第二輯 堪輿類 162
作者：【民國】王元極
主編、責任編輯：陳劍聰
心一堂術數古籍珍本叢刊編校小組：陳劍聰 素聞 梁松盛 鄒偉才 虛白盧主

出版：心一堂有限公司
通訊地址：香港九龍旺角彌敦道六一〇號荷李活商業中心十八樓〇五—〇六室
深港讀者服務中心·中國深圳市羅湖區立新路六號羅湖商業大廈負一層〇〇八室
電話號碼：(852)67150840
網址：publish.sunyata.cc
電郵：sunyatabook@gmail.com
網店：http://book.sunyata.cc
淘寶店地址：https://shop210782774.taobao.com
微店地址：https://weidian.com/s/1212826297
臉書：https://www.facebook.com/sunyatabook
讀者論壇：http://bbs.sunyata.cc/

版次：二零一五年九月初版
平裝

定價：港幣 二百八十元正
　　　人民幣 二百八十元正
　　　新台幣 一千一百八十元正

國際書號：ISBN 978-988-8317-01-1



香港發行：香港聯合書刊物流有限公司
地址：香港新界大埔汀麗路36號中華商務印刷大廈3樓
電話號碼：(852)2150-2100
傳真號碼：(852)2407-3062
電郵：info@suplogistics.com.hk

台灣發行：秀威資訊科技股份有限公司
地址：台灣台北市內湖區瑞光路七十六巷六十五號一樓
電話號碼：+886-2-2796-3638
傳真號碼：+886-2-2796-1377
網絡書店：www.bodbooks.com.tw
台灣國家書店讀者服務中心：
地址：台灣台北市中山區松江路二〇九號一樓
電話號碼：+886-2-2518-0207
傳真號碼：+886-2-2518-0778
網絡書店：http://www.govbooks.com.tw

中國大陸發行 零售：深圳心一堂文化傳播有限公司
深圳地址：深圳市羅湖區立新路六號羅湖商業大廈負一層〇〇八室
電話號碼：(86)0755-82224934

心一堂微店二維碼

心一堂淘寶店二維碼

# 心一堂術數古籍 珍本 整理 叢刊 總序

## 術數定義

術數，大概可謂以「推算（推演）、預測人（個人、群體、國家等）、事、物、自然現象、時間、空間方位等規律及氣數，並或通過種種『方術』，從而達致趨吉避凶或某種特定目的」之知識體系和方法。

## 術數類別

我國術數的內容類別，歷代不盡相同，例如《漢書・藝文志》中載，漢代術數有六類：天文、曆譜、五行、蓍龜、雜占、形法。至清代《四庫全書》，術數類則有：數學、占候、相宅相墓、占卜、命書、相書、陰陽五行、雜技術等，其他如《後漢書・方術部》、《藝文類聚・方術部》、《太平御覽・方術部》等，對於術數的分類，皆有差異。古代多把天文、曆譜、及部分數學均歸入術數類，而民間流行亦視傳統醫學作為術數的一環；此外，有些術數與宗教中的方術亦往往難以分開。現代民間則常將各種術數歸納為五大類別：命、卜、相、醫、山，通稱「五術」。

本叢刊在《四庫全書》的分類基礎上，將術數分為九大類別：占筮、星命、相術、堪輿、選擇、三式、讖緯、理數（陰陽五行）、雜術（其他）。而未收天文、曆譜、算術、宗教方術、醫學。

## 術數思想與發展——從術到學，乃至合道

我國術數是由上古的占星、卜筮、形法等術發展下來的。其中卜筮之術，是歷經夏商周三代而通過「龜卜、蓍筮」得出卜（筮）辭的一種預測（吉凶成敗）術，之後歸納並結集成書，此即現傳之《易

經》。經過春秋戰國至秦漢之際，受到當時諸子百家的影響、儒家的推崇，遂有《易傳》等的出現，原本是卜筮術書的《易經》，被提升及解讀成有包涵「天地之道（理）」之學。因此，《易．繫辭傳》曰：「易與天地準，故能彌綸天地之道。」

漢代以後，易學中的陰陽學說，與五行、九宮、干支、氣運、災變、律曆、卦氣、讖緯、天人感應說等相結合，形成易學中象數系統。而其他原與《易經》本來沒有關係的術數，如占星、形法、選擇，亦漸漸以易理（象數學說）為依歸。《四庫全書．易類小序》云：「術數之興，多在秦漢以後。要其旨，不出乎陰陽五行，生尅制化。實皆《易》之支派，傳以雜說耳。」至此，術數可謂已由「術」發展成「學」。

及至宋代，術數理論與理學中的河圖洛書、太極圖、邵雍先天之學及皇極經世等學說給合，通過術數以演繹理學中「天地中有一太極，萬物中各有一太極」（《朱子語類》）的思想。術數理論不單已發展至十分成熟，而且也從其學理中衍生一些新的方法或理論，如《梅花易數》、《河洛理數》等。

在傳統上，術數功能往往不止於僅僅作為趨吉避凶的方術，及「能彌綸天地之道」的學問，亦有其「修心養性」的功能，「與道合一」（修道）的內涵。《素問．上古天真論》：「上古之人，其知道者，法於陰陽，和於術數。」數之意義，不單是外在的算數、歷數、氣數，而是與理學中同等的「道」、「理」--心性的功能，北宋理氣家邵雍對此多有發揮：「聖人之心，是亦數也」、「萬化萬事生乎心」、「心為太極」。《觀物外篇》：「先天之學，心法也。……蓋天地萬物之理，盡在其中矣，心一而不分，則能應萬物。」反過來說，宋代的術數理論，受到當時理學、佛道及宋易影響，認為心性本質上是等同天地之太極。天地萬物氣數規律，能通過內觀自心而有所感知，即是內心也已具備有術數的推演及預測、感知能力；相傳是邵雍所創之《梅花易數》，便是在這樣的背景下誕生。

《易．文言傳》已有「積善之家，必有餘慶；積不善之家，必有餘殃」之說，至漢代流行的災變說及讖緯說，我國數千年來都認為天災，異常天象（自然現象），皆與一國或一地的施政者失德有關；下至家族、個人之盛衰，也都與一族一人之德行修養有關。因此，我國術數中除了吉凶盛衰理數之外，人心的德行修養，也是趨吉避凶的一個關鍵因素。

## 術數與宗教、修道

在這種思想之下，我國術數不單只是附屬於巫術或宗教行為的方術，又往往是一種宗教的修煉手段——通過術數，以知陰陽，乃至合陰陽（道）。「其知道者，法於陰陽，和於術數。」例如，「奇門遁甲」術中，即分為「術奇門」與「法奇門」兩大類。「法奇門」中有大量道教中符籙、手印、存想、內煉的內容，是道教內丹外法的一種重要外法修煉體系。甚至在雷法一系的修煉上，亦大量應用了術數內容。此外，相術、堪輿術中也有修煉望氣（氣的形狀、顏色）的方法；堪輿家除了選擇陰陽宅之吉凶外，也有道教中選擇適合修道環境（法、財、侶、地中的地）的方法，以至通過堪輿術觀察天地山川陰陽之氣，亦成為領悟陰陽金丹大道的一途。

## 易學體系以外的術數與的少數民族的術數

我國術數中，也有不用或不全用易理作為其理論依據的，如揚雄的《太玄》、司馬光的《潛虛》。也有一些占卜法、雜術不屬於《易經》系統，不過對後世影響較少而已。

外來宗教及少數民族中也有不少雖受漢文化影響（如陰陽、五行、二十八宿等學說。）但仍自成系統的術數，如古代的西夏、突厥、吐魯番等占卜及星占術，藏族中有多種藏傳佛教占卜術、苯教占卜術、擇吉術、推命術、相術等；北方少數民族有薩滿教占卜術；不少少數民族如水族、白族、布朗族、佤族、彝族、苗族等，皆有占雞（卦）草卜、雞蛋卜等術，納西族的占星術、占卜術，彝族畢摩的推命術、占卜術……等等，都是屬於《易經》體系以外的術數。相對上，外國傳入的術數以及其理論，對我國術數影響更大。

## 曆法、推步術與外來術數的影響

我國的術數與曆法的關係非常緊密。早期的術數中，很多是利用星宿或星宿組合的位置（如某星在某州或某宮某度）付予某種吉凶意義，并據之以推演，例如歲星（木星）、月將（某月太陽所躔之宮次）等。不過，由於不同的古代曆法推步的誤差及歲差的問題，若干年後，其術數所用之星辰的位置，已與真實星辰的位置不一樣了；此如歲星（木星），早期的曆法及術數以十二年為一周期（以應地支），與木星真實周期十一點八六年，每幾十年便錯一宮。後來術家又設一「太歲」的假想星體來解決，是歲星運行的相反，週期亦剛好是十二年。而術數中的神煞，很多即是根據太歲的位置而定。又如六壬術中的「月將」，原是立春節氣後太陽躔娵訾之次而稱作「登明亥將」，至宋代，因歲差的關係，要到雨水節氣後太陽才躔娵訾之次，當時沈括提出了修正，但明清時六壬術中「月將」仍然沿用宋代沈括修正的起法沒有再修正。

由於以真實星象周期的推步術是非常繁複，而且古代星象推步術本身亦有不少誤差，大多數術數除依曆書保留了太陽（節氣）、太陰（月相）的簡單宮次計算外，漸漸形成根據干支、日月等的各自起例，以起出其他具有不同含義的眾多假想星象及神煞系統。唐宋以後，我國絕大部分術數都主要沿用這一系統，也出現了不少完全脫離真實星象的術數，如《子平術》、《紫微斗數》、《鐵版神數》等。後來就連一些利用真實星辰位置的術數，如《七政四餘術》及選擇法中的《天星選擇》，也已與假想星象及神煞混合而使用了。

隨着古代外國曆（推步）、術數的傳入，如唐代傳入的印度曆法及術數，元代傳入的回回曆等，其中我國占星術便吸收了印度占星術中羅睺星、計都星等而形成四餘星，又通過阿拉伯占星術而吸收了其中來自希臘、巴比倫占星術的黃道十二宮、四大（四元素）學說（地、水、火、風），並與我國傳統的二十八宿、五行說、神煞系統並存而形成《七政四餘術》。此外，一些術數中的北斗星名，不用我國傳統的星名：天樞、天璇、天璣、天權、玉衡、開陽、搖光，而是使用來自印度梵文所譯的：貪狼、巨門、祿存、文曲，廉貞、武曲、破軍等，此明顯是受到唐代從印度傳入的曆法及占星術所影響。如星命術中的《紫微斗數》及堪輿術中的《撼龍經》等文獻中，其星皆用印度譯名。及至清初《時憲曆》，置閏之法則改用西法「定氣」。清代以後的術數，又作過不少的調整。

此外，我國相術中的面相術、手相術，唐宋之際受印度相術影響頗大，至民國初年，又通過翻譯歐西、日本的相術書籍而大量吸收歐西相術的內容，形成了現代我國坊間流行的新式相術。

## 陰陽學——術數在古代、官方管理及外國的影響

術數在古代社會中一直扮演着一個非常重要的角色，影響層面不單只是某一階層、某一職業、某一年齡的人，而是上自帝王，下至普通百姓，從出生到死亡，不論是生活上的小事如洗髮、出行等，大事如建房、入伙、出兵等，從個人、家族以至國家，從天文、氣象、地理到人事、軍事，從民俗、學術到宗教，都離不開術數的應用。我國最晚在唐代開始，已把以上術數之學，稱作陰陽（學），行術數者稱陰陽人。（敦煌文書、斯四三二七唐《師師漫語話》：「以下說陰陽人謾語話」，此說法後來傳入日本，今日本人稱行術數者為「陰陽師」）。一直到了清末，欽天監中負責陰陽術數的官員中，以及民間術數之士，仍名陰陽生。

古代政府的中欽天監（司天監），除了負責天文、曆法、輿地之外，亦精通其他如星占、選擇、堪輿等術數，除在皇室人員及朝庭中應用外，也定期頒行日書、修定術數，使民間對於天文、日曆用事吉凶及使用其他術數時，有所依從。

我國古代政府對官方及民間陰陽學及陰陽官員，從其內容、人員的選拔、培訓、認證、考核、律法監管等，都有制度。至明清兩代，其制度更為完善、嚴格。

宋代官學之中，課程中已有陰陽學及其考試的內容。（宋徽宗崇寧三年〔一一零四年〕崇寧算學令：「諸學生習……並曆算、三式、天文書。」「諸試……三式即射覆及預占三日陰陽風雨。天文即預

定一月或一季分野災祥，並以依經備草合問為通。」

金代司天臺，從民間「草澤人」（即民間習術數人士）考試選拔：「其試之制，以《宣明曆》試推步，及《婚書》、《地理新書》試合婚、安葬，並《易》筮法，六壬課、三命、五星之術。」（《金史》卷五十一・志第三十二・選舉一）

元代為進一步加強官方陰陽學對民間的影響、管理、控制及培育，除沿襲宋代、金代在司天監掌管陰陽學及中央的官學陰陽學課程之外，更在地方上增設陰陽學課程（《元史・選舉志一》：「世祖至元二十八年夏六月始置諸路陰陽學。」）地方上也設陰陽學教授員，培育及管轄地方陰陽人。（《元史・選舉志一》：「（元仁宗）延祐初，令陰陽人依儒醫例，於路、府、州設教授員，凡陰陽人皆管轄之，而上屬於太史焉。」）自此，民間的陰陽術士（陰陽人），被納入官方的管轄之下。

至明清兩代，陰陽學制度更為完善。中央欽天監掌管陰陽學，明代地方縣設陰陽學正術，各州設陰陽學典術，各縣設陰陽學訓術。陰陽人從地方陰陽學肄業或被選拔出來後，再送到欽天監考試。（《大明會典》卷二二三：「凡天下府州縣舉到陰陽人堪任正術等官者，俱從吏部送（欽天監），考中，送回選用；不中者發回原籍為民，原保官吏治罪。」）清代大致沿用明制，凡陰陽術數之流，悉歸中央欽天監及地方陰陽官員管理、培訓、認證。至今尚有「紹興府陰陽印」、「東光縣陰陽學記」等明代銅印，及某某縣某某之清代陰陽執照等傳世。

清代欽天監漏刻科對官員要求甚為嚴格。《大清會典》「國子監」規定：「凡算學之教，設肄業生。滿洲十有二人，蒙古、漢軍各六人，於各旗官學內考取。漢十有二人，於舉人、貢監生童內考取。附學生二十四人，由欽天監選送。教以天文演算法諸書，五年學業有成，舉人引見以欽天監博士用，貢監生童以天文生補用。」學生在官學肄業、貢監生肄業或考得舉人後，經過了五年對天文、算法、陰陽學的學習，其中精通陰陽術數者，會送往漏刻科。而在欽天監供職的官員，《大清會典則例》「欽天監」規定：「本監官生三年考核一次，術業精通者，保題升用。不及者，停其升轉，再加學習。如能黽勉供職，即予開復。仍不及者，降職一等，再令學習三年，能習熟者，准予開復，仍不能者，黜退。」除定期考核以定其升用降職外，《大清律例》中對陰陽術士不準確的推斷（妄言禍福）是要治罪的。《大清律例·一七八·術七·妄言禍福》：「凡陰陽術士，不許於大小文武官員之家妄言禍福，違者杖一百。其依經推算星命卜課，不在禁限。」大小文武官員延請的陰陽術士，自然是以欽天監漏刻科官員或地方陰陽官員為主。

官方陰陽學制度也影響鄰國如朝鮮、日本、越南等地，一直到了民國時期，鄰國仍然沿用着我國的多種術數。而我國的漢族術數，在古代甚至影響遍及西夏、突厥、吐蕃、阿拉伯、印度、東南亞諸國。

## 術數研究

術數在我國古代社會雖然影響深遠，「是傳統中國理念中的一門科學，從傳統的陰陽、五行、九宮、八卦、河圖、洛書等觀念作大自然的研究。……傳統中國的天文學、數學、煉丹術等，要到上世紀中葉始受世界學者肯定。可是，術數還未受到應得的注意。術數在傳統中國科技史、思想史，文化史、社會史，甚至軍事史都有一定的影響。……更進一步了解術數，我們將更能了解中國歷史的全貌。」（何丙郁《術數、天文與醫學中國科技史的新視野》，香港城市大學中國文化中心。）

可是術數至今一直不受正統學界所重視，加上術家藏秘自珍，又揚言天機不可洩漏，「（術數）乃吾國科學與哲學融貫而成一種學說，數千年來傳衍嬗變，或隱或現，全賴一二有心人為之繼續維繫，賴以不絕，其中確有學術上研究之價值，非徒癡人說夢，荒誕不經之謂也。其所以至今不能在科學中成立一種地位者，實有數因。蓋古代士大夫階級目醫卜星相為九流之學，多恥道之；而發明諸大師又故為惝恍迷離之辭，以待後人探索；間有一二賢者有所發明，亦秘莫如深，既恐洩天地之秘，復恐譏為旁門左道，始終不肯公開研究，成立一有系統說明之書籍，貽之後世。故居今日而欲研究此種學術，實一極困難之事。」（民國徐樂吾《子平真詮評註》，方重審序）

現存的術數古籍，除極少數是唐、宋、元的版本外，絕大多數是明、清兩代的版本。其內容也主要是明、清兩代流行的術數，唐宋或以前的術數及其書籍，大部分均已失傳，只能從史料記載、出土文獻、敦煌遺書中稍窺一鱗半爪。

## 術數版本

坊間術數古籍版本，大多是晚清書坊之翻刻本及民國書賈之重排本，其中豕亥魚魯，或任意增刪，往往文意全非，以至不能卒讀。現今不論是術數愛好者，還是民俗、史學、社會、文化、版本等學術研究者，要想得一常見術數書籍的善本、原版，已經非常困難，更遑論如稿本、鈔本、孤本等珍稀版本。在文獻不足及缺乏善本的情況下，要想對術數的源流、理法、及其影響，作全面深入的研究，幾不可能。

有見及此，本叢刊編校小組經多年努力及多方協助，在海內外搜羅了二十世紀六十年代以前漢文為主的術數類善本、珍本、鈔本、孤本、稿本、批校本等數百種，精選出其中最佳版本，分別輯入兩個系列：

一、心一堂術數古籍珍本叢刊

二、心一堂術數古籍整理叢刊

前者以最新數碼（數位）技術清理、修復珍本原本的版面，更正明顯的錯訛，部分善本更以原色彩色精印，務求更勝原本。并以每百多種珍本、一百二十冊為一輯，分輯出版，以饗讀者。

後者延請、稿約有關專家、學者，以善本、珍本等作底本，參以其他版本，古籍進行審定、校勘、注釋，務求打造一最善版本，方便現代人閱讀、理解、研究等之用。

限於編校小組的水平，版本選擇及考證、文字修正、提要內容等方面，恐有疏漏及舛誤之處，懇請方家不吝指正。

心一堂術數古籍 珍本 整理 叢刊編校小組

二零零九年七月序

二零一四年九月第三次修訂

嘉陽饒澂黼鑑定

# 經驗三元陽宅粹編

徐樾書

成都學道街
天昌館出版

# 序

客有問於余曰。陰陽風水之說。今日科學家。鮮不以為迷信。而欲喚醒民衆。致力推倒之矣。王子建五之三元陽宅粹編。畧為反響。災梨之不惜也。余應之曰。正惟風水之說。汗牛充棟。入主出奴。每屬空談。無裨實際。以致科學家。詆為迷信。將推倒之。而三元陽宅粹編一書。遂不能不亟謀。付梓以爭存社會。藉為居室經營之一助也。王子與余友善。聱城聚首。談陰宅外兼及陽宅。每當披肝露膽。聚精會神之際。余亦亦留心。而略有所得。竊怪世之淺於宅法者。乃以生氣、天醫、延年為三吉。而吉何嘗吉。又以五鬼、六煞、禍害、絕命、為四凶。而凶亦何嘗凶。徒結種種疑團。為世詬病。而已進此有。有紫白吊替專家。雖出自洛書與三元九運同源。而不就形局。以分動靜。辨高低。

度遠近。審虛實。任何飛遁亦不過占年小數。有時而准。其實不足以。操相宅之權衡也。惟王子。研究蔣氏天元宅法。以三元九運。辨地、二門、三衢、四嶠、五缺、空。山水攸分。形氣互測。發揮前人圖說。振作後學津梁。不但不為迷信。并足以破除。八宅遊年。紫白吊替。諸家之迷信。災梨反促。寧與時違。若謂居宅之道。但據科學家言。辨別地質。天光。分布位置。層進。俾通空氣。而資衛生。即可解決。無事。他求然。今之宏敞其門戶。軒朗其堂構。高大其樓閣者。又未嘗不有疾病。夭札。種種人事之摧折也。是則三元九運。衰旺乘除之一竅。人云迷信。而我輩亦云迷信乎哉。客聆余言唯唯而退。余乃泚筆為此序。

時

中華民國十九年五月二日華陽鄒益楷撰

序

古聖王體國經野大而都會小而郡縣以至村落市廛閭巷田舍莫不有一定之計劃考周禮土方氏掌土圭之法以征日景以土地相宅而建邦國都鄙又以土宜之法以相民宅而知其利害以阜人民其明徵也而遷豳之相陰陽營洛之卜瀍澗爰居爰處曰止曰時之際亦自有所以卜休恒吉之道耳惜古法不傳如漢書藝文志所載宮宅地形之書已久不可考而近世術家授受又大都鄙俚不經陽宅三要幾人盡圭臬之矣然核其所謂三要者兢兢以門主竈爲比較而不知一地二門三衢四嶠五缺空之別引風引水也夫門之

所重風水攸關世俗僞書不用遊年卦例則宗紫白[illegible][illegible]而三元貞運反爲所遺根本問題南轅北轍是無論生旺死退煞之較論五氣生天延絕五六禍輔之排列八門通不足重矣余友

王君元極字建五者績學士也工詩文性疏野頗與時逆而遁情山水閒歷有年矣居恆與二三逸老侈口談天相塚相宅之奧亦素有心得茲閱其手輯經驗三元陽宅粹編一書首蔣氏天元第四歌次陽宅指南次歸厚錄之陽基章次三格辨次得一錄均三元相宅之獨闢門徑者也與陽宅三要諸書判若霄壤雖輯自舊傳而所以發明新理實爲相宅問

津者盡導其迷余謂此編一出人盡知陽宅從陽必取天空
浮氣一風水變幻而衰旺有運生死乘時益不似門主竈之
膚淺三要也一地二門三衢四嶠五缺空卓哉五要貫徹三
元古之月令明堂九室徹田方井八家雖不可必其有是否
也而陽噓陰吸人物觸氣交之機勢去時移滄桑有革變之
象宅之關於風水豈盡影響談耶經驗之士當中自有把握
也余與王君交久得與參訂之列特揭其旨如此

時

中華民國十八年己巳天中節周宗[illegible]山氏序於牧馬天
台古剎之東窗

凡例

一相宅之法或主遊年卦例以生氣天醫延年絕命五鬼六煞禍害並伏位而辨吉凶或主紫白吊替以一白二黑三碧四綠五黃六白七赤八白九紫分宮星以較生尅均不若三元氣運之活潑有驗也是編宅法以蔣子天元第四歌為主而次以陽宅指南及陽基章三格辨得一錄即講三元氣運之最詳者

一三元宅法據陽宅指南只以地盤八卦論氣運之衰旺不論元空挨星各竅雖係板格三元而於形局中生出種種變化板格亦活法也神而明之實有效驗不爽

一是編以陽宅指南爲天元第四歌之注脚故於圖之旁繪增補說之引伸糾正不遺餘力解指南卽所以發明天元第四歌也例倣謝氏天元選擇非刱爲之至採歸厚錄之陽基章不過欲明天元陽宅之所本耳而三格辨得一錄又本天元陽宅以推演者故並錄而不再注釋云

一是編所輯各原文有按家藏善本校正者間與坊本小異一二字非妄爲改竄也又卽坊本與坊本校正如所輯之天元第四歌係用章仲山本亦比蔣宗城本有增加一十二句之異也他本亦互有異同茲不贅辨

一劉文瀾紫府寶鑑首標三元宅法雖不及陽宅指南之詳而納氣屋形六式水形納氣三式與夫傍山依城近水近路一論亦由指南脫胎而抉其機要矣惟兼紫白吊替又雜遊年卦例以及向上管局九星並中火二星各例用法未免不純耳。

一鄧士松地理陰陽合纂於陽宅一途辨論三元氣運二祖陽宅指南之意旨措辭明切固為後學津梁但未及指南原書之詳而又備載紫白吊替各例並紫白賦原文未免失之偏重矣。

一相宅雜忌之多魏青江宅譜大成極其詳備但有驗有

不驗者必通三元活法而後閱之去取庶有把握也蓋青江之學僅以紫白吊替較生尅至於元運活潑之機尚有引而不發之秘耳

一陽宅之效捷於陰宅且較陰宅易於補救乃習是道者每每囿於生天延三吉死法幾不知三元生旺爲何說否則又誤認紫白吊替爲三元所論生旺退煞亦不過占年小數而已惟陽宅指南以一地二門三衢四嶠五缺空分別風水之衰旺有非諸家所能及者燕甯趙唯曾陽宅眞機先我而取之冠以三格辨得一錄天元歌其次第未恰又少有發明而贊以東西四宅先天挨

星正變各局之僞尚不足以云善本也本館是以有此粹緼之作。若相陰宅之三元眞諦。則天律有禁。雖刊板亦未敢輕以出售云。

天昌館王元極謹識

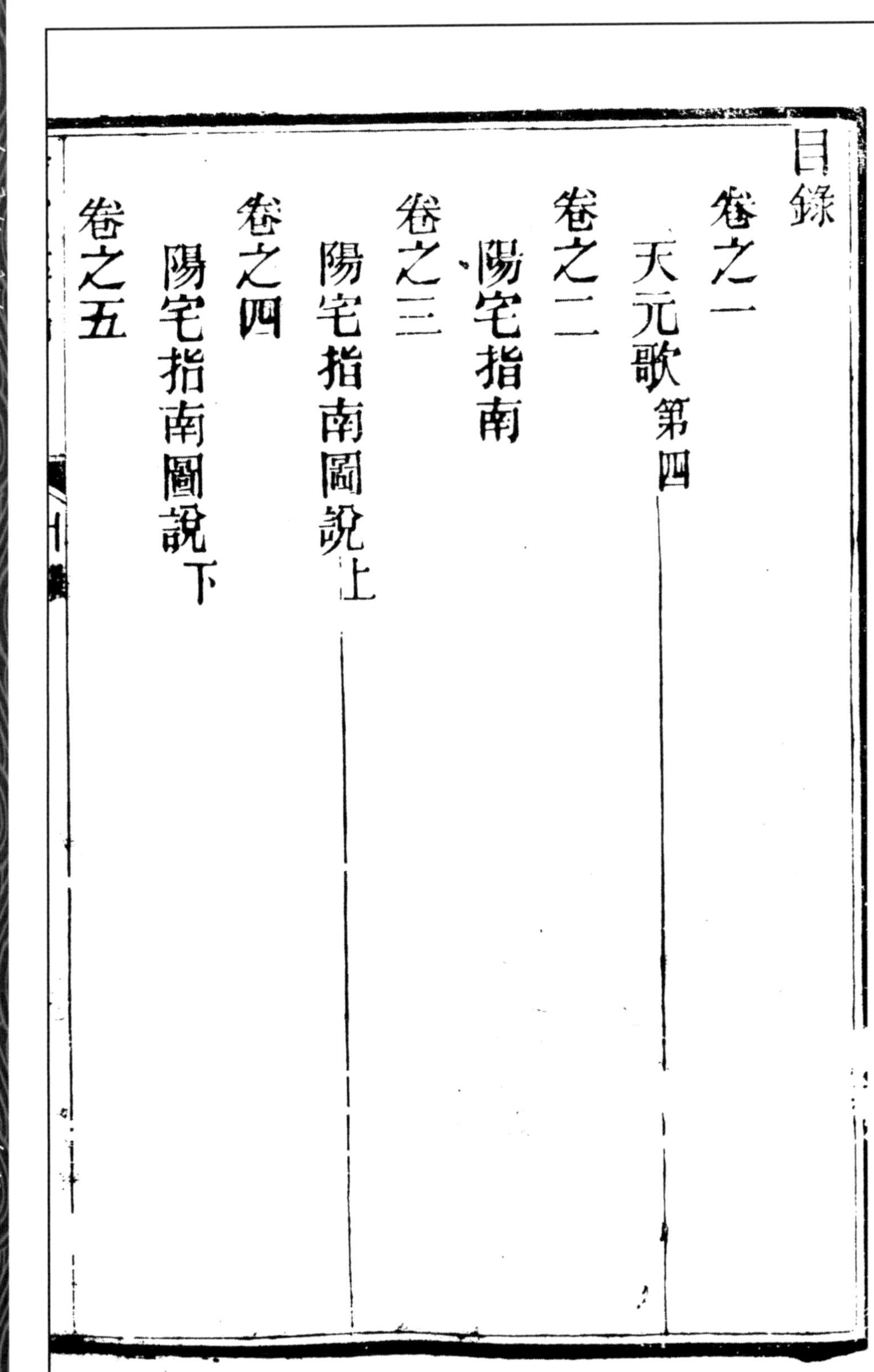

目錄

# 經驗三元陽宅粹編卷之一

天昌舘華陽王元極編輯

周宗璞　楊天佑　參訂

門人　周性天繪圖　王之瑗　馮家華　校字

## 天元歌　雲間蔣大鴻著

元極按。蔣子辨僞文謂作地理辨正之後。復自言所得。作天元五歌。外此別無秘本。乃吉安尹氏四秘書於天元歌外。復有陽宅指南一卷。及陽宅三格辨。得一錄各一卷。均題爲雲間蔣大鴻著。其爲僞托可知矣。然細譯其義。實本天元陽宅大作用。即非蔣子所著。亦可藉以解釋蔣子之天元第四歌也茲爲相宅問津者一導其迷特錄天元第四歌幷諸陽宅指南之首以眞駁僞而僞者亦眞恭僞者不過僞托蔣子之名耳而其實洵足以發明蔣子之所未吐露者也况蔣子之天元陽宅又本歸厚錄之陽基章而來爲窮原計必上采陽基章而爲竟委計則三格辨得一錄亦在兼收並蓄之例也爰次第之爲粹編云

人生最重是陽基卻與墳塋福力齊宅氣不寧招禍咎骨埋眞穴貴難期建國定都關治亂築城置鎭係安危試看田舍豐盈者半是陽居偶合宜

元極按此首節言陽宅與陰地並重而建都立邑比墳墓

尤重且陰地眞穴頗難採擇試看今之田舍豐盈家半是陽居偶爾合宜而察其墳墓實不盡獲吉地也

陽居擇地水龍同不用前篇議論重前篇天元歌第三也係論水龍見原本此論陽宅只采天元歌第四但比陰基宜濶大不爭秀麗喜粗雄大江大河收氣厚涓流滴水不關風若得亂流如織錦不分元運也亨通

元極 按此節言陽居擇地水龍同下節復言宅龍動地水龍裁蔣子之意實注重在平洋陽宅其取局也必比陰基濶大不爭秀麗獨喜粗雄果得大江大河收氣特厚發福不可限量而亂流織錦之地更有不分元運亦亨通之奇效也至後第十六節乃言山龍宅法有何功四面山圍亦

辨風而且結以山居不及澤居雄一語業此道者可不知所重哉

宅龍動地水龍裁尤重三門八卦排只取三元生旺氣引他入室是胞胎一門乘旺兩門四少有嘉祥不可留兩門交慶一門休大事歡欣小事愁須用門門都吉位合家福祿永無憂三門先把正門量後門房門一樣裝別有旁門並側戶一通外氣卽分張設若便門無好位一門獨出始爲強

元極按此節言陽宅動地之氣宮宮有變亦如裁水龍之活潑潑也排八卦以開三門引得三元生旺之氣入室可以坐致嘉祥而一門兩門之比較旁門側戶之分張能承

生旺與否在人仔細辨之。

門爲宅骨路爲筋筋骨交連血脈均。若是吉門兼惡路。酸漿入酪不堪斟。內路常兼外路看。宅深內路低門闌外路迎神並界氣。迎神界氣兩重關。

元極 按此節言門路氣脈相連必趨旺避衰。不可吉凶夾雜。且辨路氣尤有內外之別內路宅內之路。外路宅外之路。低門闌低向門來而抵於門下也。對面朝拱則爲迎收止來氣則爲界。朝路作來龍。橫路作界氣。

更有風門通八氣。牆空屋缺皆難避若遇祥風福頓增。若遇煞風殃立至。

元極按此節言牆空屋缺皆爲風門祥煞當以衰旺辨之。

矗矗高高名嶠星。樓臺殿宇一同評。或在身旁或遥應。能廻八氣到家庭。嶠壓旺方能受蔭。嶠壓凶方鬼氣侵。

元極按此節言嶠星之應。凡矗矗高高之物。如樓臺殿宇及高山古木類。皆是其廻風返氣也。在身旁者宜壓凶方。廻下之氣。乃是對宮旺氣。在遥應者宜壓旺方。廻下之氣。乃變對宮煞氣爲旺氣也。歌意執定壓旺方吉壓凶方凶。尚欠醒豁。

衝橋衝路莫輕猜。須與元龍一例排。衝起樂宮無價寶。衝起囚宮化作灰。

元極按此節言衝橋衝路必收合元樂宮因宮亦即衰旺之辨也惟橋路之爲衰爲旺當在形勢上着眼歌意莫輕猜三字不可囫圇讀過

宅前逼近有奇峰不分衰旺皆成凶擡頭咫尺巍峩起泰山壓倒有何功

元極按此節言宅前逼近高峰不吉然以嶠星論之不分衰旺皆成凶之語又非定論也

村居曠蕩無關闌抱水與門兩道編城市水稀兼地窄路衢門嶠並可權

元極按此節言城市鄉村宅法之不同也鄉村之氣渙散

取得地水與門而團聚之便爲合法無待他求若城市則氣本團聚并有鄰屋之凹凸高低街道之濶狹曲直地窄而水稀其路衢門巷之司權較之鄉村尤特重也法以凹者低者濶者曲而動者爲水凸者高者狹者直而靜者爲山分道揚鑣各致其用

一到分房宅氣移一門恆作兩門推有時內路作外路入室私門是握機當辨親疏并遠近抽爻換象出神奇

元極按此節言分房之法或兩三家同住一宅或一二十家同住一宅其分房也以一家私門爲主諸家往來之路爲用故曰入室私門是握機也親疏遠近專指路言親者

朝歸入室。疏者斜飛而過。遠者悠深。近者短淺。一宅之內正門爲卦主。其房門後門旁側便門皆爻象也。抽爻換象。卽去凶就吉之義。

論屋神祠理最嚴。古人營室廟爲先。夫婦內房尤特重。陰陽配合宅根源。

元極按此節言神祠宗廟。較居宅爲重。而分房扼要。夫婦內房尤有特重之情也。夫婦內房指宅長正房。

八宅因門坐向空。三元衰旺定眞踪。運遇遷移宅氣改。人家興廢巧相逢。

元極按此節言陽宅以大門朝向而定吉凶。不以坐山分

休咎也即氣口反爲初之義一遷移改造而衰旺立判與廢巧逢此中蓋有天主之不盡人事之可矯揉也

此是周公眞八宅無若大十流傳的天醫福德莫安排只好遊年斷時日逢與鬼絕更昌隆遇替生延皆困殂

元極按此節以此是周公眞八宅二句推原三元陽宅之所自來亦即所以結束上文也天醫福德莫安排以下四句均力闢大小遊年卦例之非

太歲煞神若加臨禍福當關如霹靂門內間間有宅神值神值星交互測此是遊年剖斷機不合三元總虛擲

元極按此節言太歲煞神加臨宅內方位與紫白飛星交

互推測之法乃眞遊年剖斷之機也亦必參合三元始有效驗。

九星層進論高低。間架先天卦數推。雖有書傳皆不驗。枉勞大匠用心機。

元極 按此節闢層進九星間架卦數之非。

山龍宅法有何功。四面山圍亦辨風。或有山溪來界合兼風兼水兩相從。欲取陽居釀家福。山居不及澤居雄。按此段末二句舊本繫在此是時師識見庸句下不若提接於此義更妥協

元極 按此節言山居辨風。澤居辨水。亦有山居兼水之局。而歸重於山居不及澤居也。用法風局與水局相反章仲

山闢義謂風與水一般謬矣。

若論來龍休論結結龍藏穴不藏宮縱使皇都並郡會只審開陽不審龍俗言龍去結陽宅此是時師識見庸

元極按此節言陽宅必取開陽之局不可拘論來龍而探討結穴也然開陽之局亦必自有來龍不過築宅者開門向空引風引水攝召天光所收浮氣滂滂潑潑不似陰穴之一線耳公劉之陟巘降原衛文之升虛望楚三百篇尚有遺旨況本歌陽居擇地水龍同不爭秀麗喜粗雄云云亦未嘗不重龍局所以必闢龍去結陽宅之說者誠恐時師相宅不解向空之義致以坐龍辨休咎也其實論陽居

外形亦當參究局勢為要。

陰居陰骨及兒孫。陽宅氤氳養此身。偶爾喬遷并客館。菴堂香火有神靈。關著三元輪轉氣。吉凶如響不容情。透明此卷天元宅。一到人家識廢興。

元極按此末節言陽宅陰牛人視陰地更速。卽偶爾喬居客館菴堂香火之間。關著三元消長之機。吉凶亦有如響斯應之持也。

經驗三元陽宅粹編卷之一終

# 經驗三元陽宅粹編卷之二

天昌錦華陽王元極編輯　周宗璞　楊天佑　參訂　門人　周性天繪圖　王之璞　馮家華　校字

陽宅指南　雲間蔣大鴻著　會稽張重明註釋　古安尹一勺發義

元極按陰地取其凝結陽宅取其敷衍二者體用各别故相宅之訣不但四局三合之僞水法如宅譜指要所列者不能取效即眞元空五行亦不必取其下卦之些子媾合也葢棟宇連雲納氣不專一線即至小之屋亦須二進三進始有蓄聚若一室飄揺數椽散布氣可來而可去運何

旺而何衰。此不似陰地之前後八尺可以召攝靈光者比。章仲山乃以挨星解天元第四歌。寧不失之固歟。所以不若陽宅指南之摇定地盤論三元。猶爲直捷了當也。爰以陽宅指南次天元歌後。爲天元歌作注脚之變例云。

世人不識重陽基。陽基效驗在須臾。死生貧富如操券。育子遷官貴及時。此是天元眞骨髓。前賢寶惜未曾遺。若非世德膺天眷。孰許輕談洩化機。

第一要訣看宅命。虛處動來實處靜。空邊引氣實邊受。命從來氣天然定。

實處爲宅身。虛處爲宅命。空在何方。卽宅命在何方。如七局兌方空即宅命卯方實即宅身。

一勺子曰此節以形勢合氣論。

元極按實處爲宅身。虛處爲宅命。空在何方。即宅命在何方。此固相宅秘訣也。但要分山谷平洋風局水局。各盡其變化之神機。吉凶禍福。乃有把柄。張氏指兌方空即宅命。卯方實即宅身。不辨形局。失之固矣。俗術不識有此眞宅命。而以生人年命東西四宅論宅命。不啻南轅北轍。無怪乎其不驗也。

第二要訣看宅體。端正周方斯爲美。南北修長離氣專。若然偏濶分途軌。

一勺子曰此節專言看形勢以分氣路若有缺處卽變一卦非全體之正卦矣

元極按宅體之取端正周方斯爲美者不過美其全體正卦之不變耳其實修長偏濶類之有適時宜者亦未嘗不美也俗術不辨元運但論形勢謂陽宅須基址方正入眼好看方吉如太高太濶太卑小或東拉西扯東盈西縮定損財丁其論盈缺又有乾宅屋址若缺離中房有女瞎無疑之訣還不足信

第三要訣看坐向坎離震兌針支上得乘正卦合天心干支雜亂生魔障

正卦如一局坎門二局坤門三局震門四局巽門五局前十年巽後十年乾六局乾門七兌八艮九離門是也

一勺子曰平洋以門爲重如一局得離水開離門二局得艮水開艮門之類

元極按陽宅喜乘正卦如坎離震兌必乘子午卯酉之支故曰針支上若在四餘卦位又當針干上矣俗術謂開門宜在地支上殊孰一可笑要知干支雜亂之局非概不可下但當辨之慎之不若正卦之易乘耳張氏一局坎門二局坤門尹氏一局離門二局艮門之例雖似牴牾其實各有所主明乎風水二局之變開門自有把握也

第四要訣左右星。地宜左右審盈虛。以一局例壬風局坎為輔若虛時地元煞。左輔空為中元四運之煞弼虛二卦受災驚。右弼空為上元二運之煞一重輔弼一重吉。若見重重福不輕。有人識得弼星訣。造宅安身事事寧。

如坎宅乾為左輔。艮為右弼。

一勺子曰山谷以輔弼高厚為福。平洋以輔弼有水為福。如北京之昆明南京之太湖俱在乾方可證。

元極按審左右盈虛之法。尹氏謂山谷以輔弼高厚為福。平洋以輔弼有水為福。未免有板執之弊。當隨時隨地探討之。

第五開門引路訣正卦裝門莫偏洩入門之卦定元神元神衰旺此中別一門正卦氣無破前後門通兩卦接更有旁門破卦身縱然旺氣非清潔既有門時即有路內路外路須兼顧路在生方致百祥煞方引路多災禍

如一局坎爲生二局坤爲生之類對方爲煞餘倣此

一句子曰煞宮能引生氣亦可開門特不可有內路恐修長變煞耳生宮若汲煞氣却不可開門最喜有內路修長變成生也路門是生是煞俱當活用

元極按開門引路之訣路之所引者空氣也與引風同論張氏一局坎爲生二局坤爲生對方爲煞之例是也惟生

變煞煞變生或生非生而煞非煞者亦有之此中變化當據形勢爲根本俗術開門不知以形勢合元運徒按開門八法之生氣天醫延年方取之何效之有惟云門不宜開多多開則氣散路不宜多歧多歧則宅弱又恰中肯綮也

重重門路入卧房澄清生旺保安康宅中天井休寬曠宅外凹風不可當暗煞比將明煞猛休言不見免凶殃

一句子曰重重門路自生旺引入卧房雖處衰元之宅能保安康况得元乎宅中天井爲天光落處最宜迎生最怕趨煞宅外凹風凶宜竹樹牆籬高屋凹風吉宜橋梁廳軒門路暗煞是宅內明煞是宅外

元極按宅中天井即合宅周圍之空心也雖有大小層進不同總爲天光落處最宜迎生所謂迎生者如同居一天井左房迎生右房即迎煞也俗術論天井只取端方平正不識避煞迎生失之膚淺而左畔若缺男先亾右畔若缺女先傷之口訣但以左右有缺即判爲不吉吾謂缺在生方惟恐乘之不得不過缺來煞氣之當避耳

添房動作察秋毫不在年神在卦爻宅吉偶然驚煞位傷丁破產不相饒

煞位如一以九爲煞四以六爲煞七以三爲煞之類不可添房

一勺子曰。添改折卸最宜審愼。煞方不可動作。一動作卽損丁破財。吉方正宜動作。大加動作。大加福祿。且生方喜折卸以迎神。煞方喜添造以避煞。尤當涓其年神吉利用之。

元極按吉凶悔吝生乎動者也。故添新折舊。必須審其爲生爲煞。俗術只問年神。不論元運。所以傷丁破產者有之。張氏謂煞位不可添房。不若尹氏煞方喜添造以避煞之說精也。惟尹氏兼言煞方不可動作。未免自相矛盾耳。

層層進進說高低。莫談福德與天醫。只要高低勻且稱。偏陂昂陷不相宜。

闢遊年卦例高低層進之非。

一句子曰高低勻稱宅形言吉。偏陂昂陷宅形言凶。形家先言形也。

元極按層進高低偏陂昂陷各宅形。正天元相宅之着眼處。俗術單主高低層進間數取單不取雙之說。固當闢之。尹氏以形家先言形。但據高低勻稱便稱爲吉。偏陂昂陷便指爲凶。亦膠柱鼓瑟之見也。

橋梁街市最喧闐。若在旺方反不嫌。能知避煞迎吉法。轉咎爲祥反掌間。

如一局乾離方爲旺。二局艮兌方爲旺。此旺方同水龍非一局坎之爲旺。

一勺子曰此段註意張氏故作反筆玩下文不是水神排煞訣此橋梁街市氣尤百倍何不云一局坤震方爲旺二局震巽方爲旺之直切易曉與

元極　按橋梁街市喧鬧之氣與風局同論張氏一局乾離方爲旺二局艮兌方爲旺之例反矣尹氏糾正之誠是也別有路衢辨氣法固與橋梁街市同類歌訣可以略之而颷風返氣法爲相宅神機何亦未列歌訣至後圖始插入之失著述例矣

一空三閉是豪家三空一閉亂如麻若逼空理求閉法立地

珍珠滿鹿車。

一勺子曰。一空三閉。空即生方。三空一閉。閉即煞方。若三空得生旺。一閉在死煞。則三空一閉眞豪家。空理宜通以迎吉。閉理宜通以避凶。

元極按　一空三閉是豪家。三空一閉亂如麻。三閉之閉閉煞方。一閉之閉閉生方也。歌訣本明。尹氏三空一閉閉即煞方。二句反不可解。亂如麻三字之意矣。下文又以反筆申之。殊欠順暢。至空字之義。爲天元相宅大作用。尤非筆舌所能盡泄也。神明變化。存乎其人。則一空三閉三空一閉之例。亦假設云爾。

此是闔闢排卦法。不是水神排煞訣。

陽宅以浮氣爲主。

一勺子曰此是闔闢排卦法以收氣言葢此篇不言收水也。

几極 按此是闔闢排卦法。不是水神排煞訣二句所以結束上文收氣之法而引起下文收水之法也玩此可知天空浮氣莫大於風風水異用當從反對處探討之

若逢收水又不同。宅氣還憑水氣接。宅形寬大好吞滅。收拾水神無漏洩。

一勺子曰有水處以收水爲重。無水處以收氣爲的宅形

寬士好吞波。言大宅能收大水也。

元極　按陽宅收水之法。恒與收氣者相反。一二三四之元。必收六七八九之水。六七八九之元。必收一二三四之水。詳後論水各圖。自明收水之變化也。俗術不識水運。至謂某某陽宅門前一盤水好。竟假諸家水法排之。何異痴人說夢。

水鄉山國立家園。氣脈宜分山水論。倘合天元無上義。子孫奕世厰高門。

一勺子曰。水鄉山國。截然不同。有山處用山。有水處收水。山上龍神不下水。水裏龍神不上山也。

元極

按陽宅以浮氣為主。論龍是論山水以察天空浮氣。非若陰宅之取效地脈也

經驗三元陽宅粹編卷之二終

# 經驗三元陽宅粹編卷之三

天昌館華陽王元極編輯

周宗璞　楊天佑　參訂

門人　周性天繪圖　王之璇　馮家華　校字

## 陽宅指南圖說上

雲間蔣大鴻著　會稽張重明詮釋　吉安尹一勺發義

元極按形家相宅。必先在有形處着眼。而法生於形。乃不落於呆板法家之窠臼也。然形非圖無以顯其形。圖非說更無以明其為圖。圖與說蓋互相表見者。是編於舊本未精之圖則改繪之。未備之圖則增補之。而圖後附說之有未明未當者。又引伸而糾正之。務使說以醒豁其圖。圖以醒豁其形。不但已圖已說之宅可明。而未圖未說之宅亦因之而顯。變化無方。應用不竭。神於相宅。而且有大於相宅者在也。豈僅按圖索驥而徒騰口說哉。

## 傍城立局法

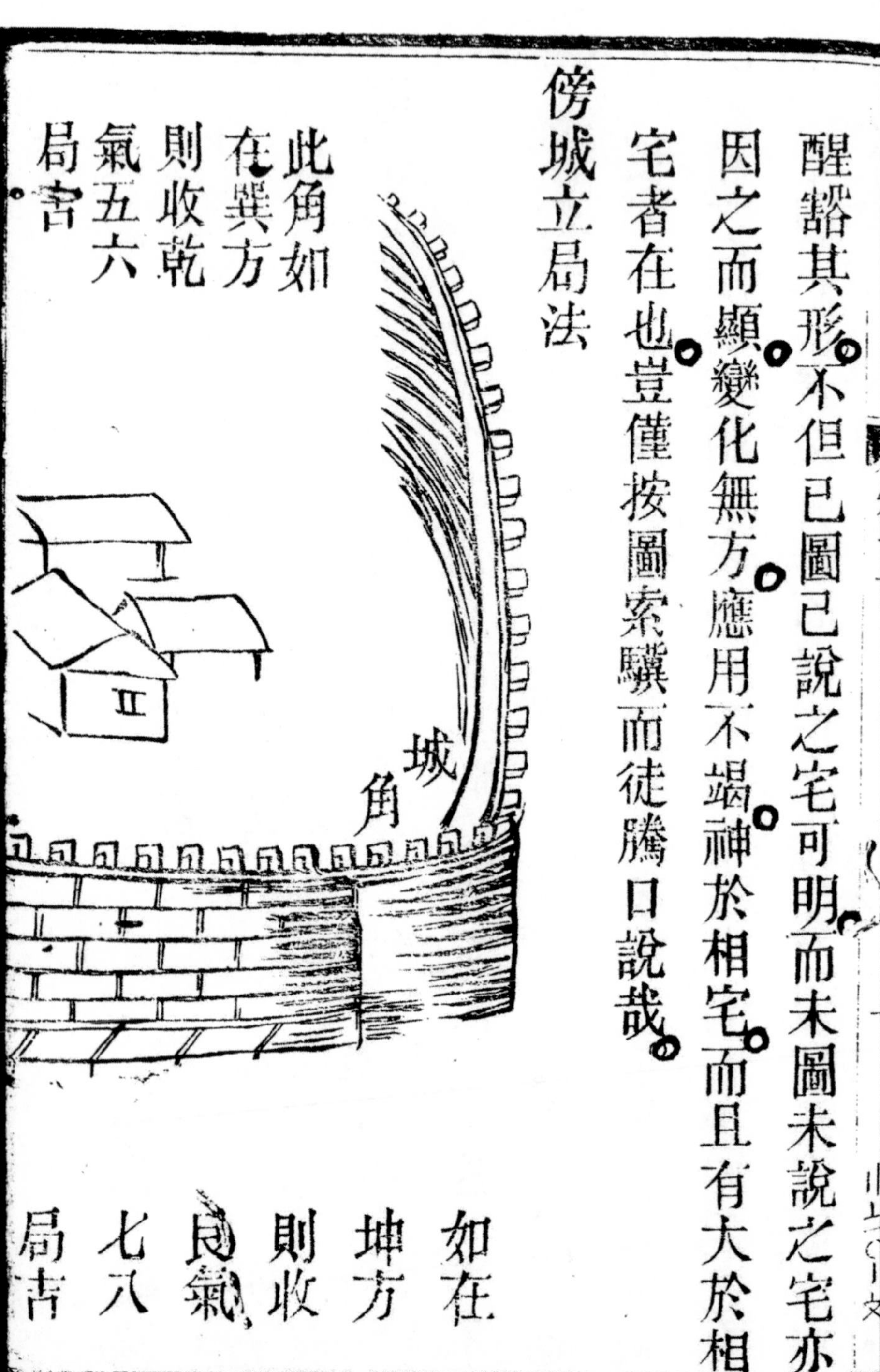

城角
此角如在巽方則收乾氣五六局吉
如在坤方則收艮氣七八局吉

歌曰曲尺城垣客客封西南兜緊不通風任宅正當坤角上氣鍾八白下元降

一勺子曰城角處宜高方能廻艮氣若低於宅舍則不能廻又要來氣方房屋層層自高而下歸結到宅所廻之風氣力尤倍

元極按取廻氣到宅最有效驗務要逼近不可窵遠遠則所廻之氣仍變本宮而非對宮矣凡取廻氣皆然不獨傍城一借局也其距高方之遠近須就形局上斟酌之至謂收乾氣五六局吉五局必後十年乃吉非並前十年亦吉也

# 傍鄰借氣法

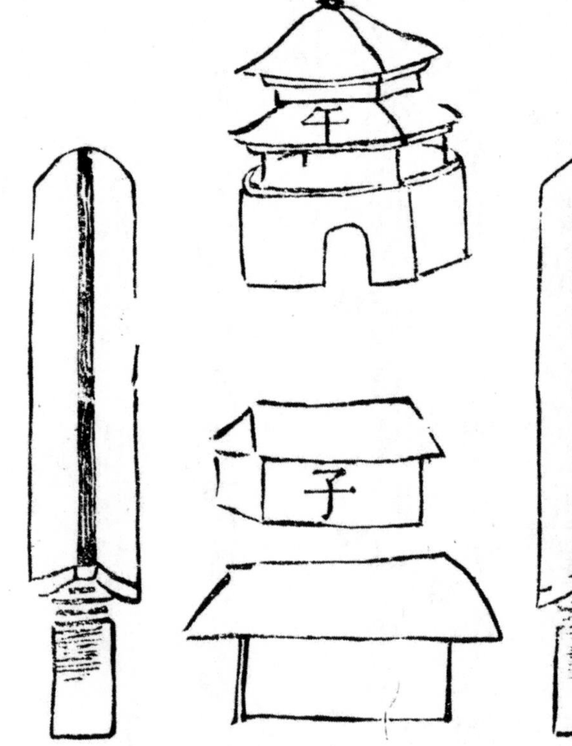


如離方高
樓住坎宅
闌住坎氣
一局吉
迴風返氣
此法極驗

歌曰、一帶高樓壓在離。人言蔽塞太陽微。誰知坎氣關當任。一白元中作旺推。

一勺子曰、此城市一片茲茲之所。要在或高或低處見精神。如欲受子氣午方有高樓。則坎氣止。離氣不來。若在山谷之中。局勢緊則又別論。

元極按在平陽高樓壓離。人任坎宅。欲取離氣不來。坎氣得止。亦必高樓逼近始准。而稍遠則有變矣。若在山谷中局勢緊迫。又當以山爲主。一樓其渺小者耳。勿論。

又按今之西式宅。每起重樓。四面通光通風。不爲方位所限。誠善法也。奈吾華人不能盡仿爲之。

## 傍隣借氣法

此樓如在坤方。則收艮氣。下元七八局吉。

歌曰。西南隣宅有高樓。靠彼低房艮氣收。此宅偏宜下元運。安居樂業日休休。

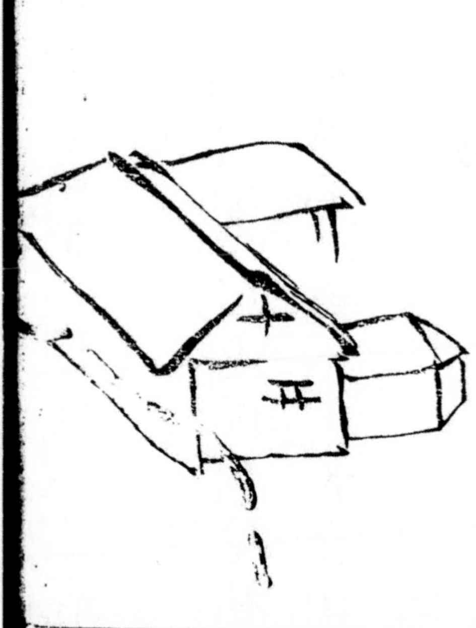

一句子曰。迴風返氣。以高樓在四五十步之內言。若遠出百步之外。則所迴之風。已變化成本方之氣矣。吉凶迴別。當通融收之。

元極按。迴風返氣之局。必就各地盤形勢之高低、大、小。以討消息而定遠近。尹氏四五十步之例。亦約言也。勿執爲定例。

又按。傍隣借氣之例。雖與嶠星兜風法相似。其實嶠星就宅內取高方論。而傍隣借氣。乃傍宅外之高物也。且不必定傍高樓。舉凡亭、臺、殿、塔。及高山、古木之巍然獨聳者、皆是。

又按宅立平陽周圍森林茂密氣口不通當以天光落處判休咎而門路不作主也若茂林有一面開口開在某方即引某氣入宅或一面茂林高聳而三面低空其一面之對宮亦即有氣入宅也是亦傍隣借氣之類

路衝論氣法

此路直過無動情不關係禍福

歌曰街衢直過兩頭平雖見喧闐不動情此局無從關禍福更尋別處去題名

大路直過

一句子曰吉凶關係在乎動動則吉凶見山水路舍總皆一體此言横路直過不關禍福其屋舍亦必一排直過方准若屋舍或出幾步則横路已屬動機屋舍或進幾步則横路亦非靜體要在人用之何如耳

元極按横路直過不關禍福者必直過而平正者也若頭高頭低則低處必引動高處之氣低去比水高來比山若橋則可以引氣亦可以抵殺當辨之

大路直過

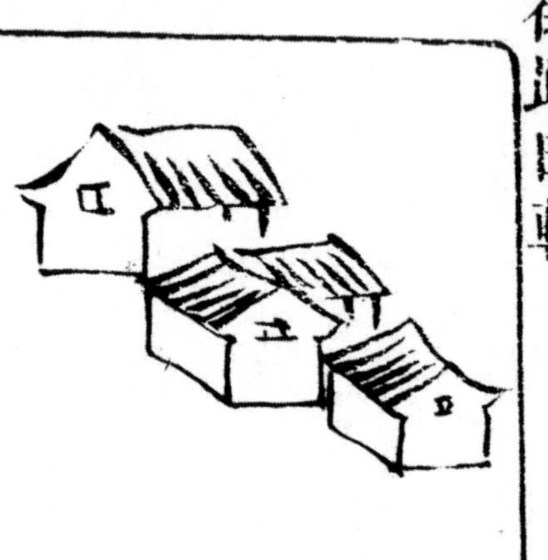


此角如在坤方。收任艮氣居住亦在坤角。七八局吉。

歌曰。曲尺街衢容容封。西南兜緊不通風。住宅正當坤角上。氣鍾八白下元隆。

一句子曰。路在坤角。收住艮氣。惟坤角緊逼艮氣方能收得住。若坤角寬濶。或開有路。則坤氣來。艮氣往。當仔細察認。方見眞實。毋僅按圖索驥。

元極按曲尺路。謂街路成曲尺形。非野外之坦道也。故曰西南兜緊不通風。若野外之路。雖曲尺兜緊。亦不能不通風也。

此街在坤則二吉
若將此二街口比水則一利六白一利八白。數看舊宅則知矣。低去比水高來比山
此街在巽則四吉

| 屋 | 屋 | 屋 |
| --- | --- | --- |

大概房地高一寸即山。低一寸即水。街道同斷。

一勺子曰稍帶灣曲便屬動體吉凶見焉禍福係焉

元極按低去比水高來比山所謂高低必大相懸殊顯而易見確有比水比山之實際乃以高來低去之法判之也高低一寸之說不足為據不過聊作比較語耳

開門引氣法

此局巽坤開離方開下元九局吉

歌曰朝南之宅正門開此是離宮紫氣來宅深七赤元中旺房淺中門未足胎

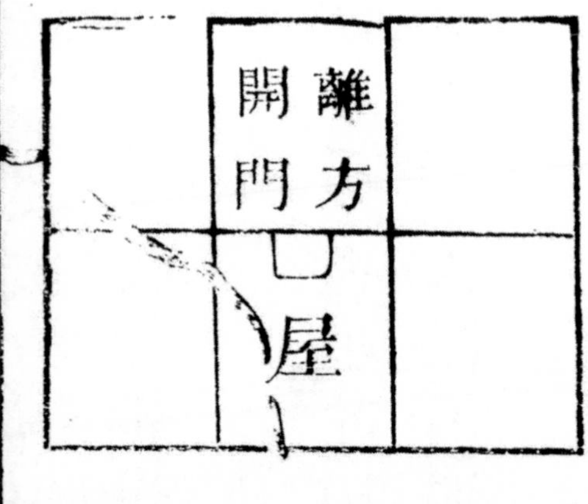

一句子曰六運中余見人開離方引氣而不知巽方來長離方畧塞巽氣遇空而入貧賤可憐闔門醜穢彼乃反以知氣自詡益亦死守畫圖耳業此道者安可不精究歟

元極按開門引氣有引本卦之氣兼雜旁卦之氣者有引本卦之氣不得本卦之氣反獨得旁卦之氣者有不得本卦之氣亦并不得旁卦之氣者有引得本卦之氣反得本卦對宮之氣者種種變化必據形局而斟酌之俗術開門如陽宅三要十書愛衆八宅明鏡金光斗靈經之類皆不根究形局而徒以開門八法定之無怪乎所談吉凶禍福之不碻應也

離宅重重
圍任。獨坤
方開口。上
元三局吉。

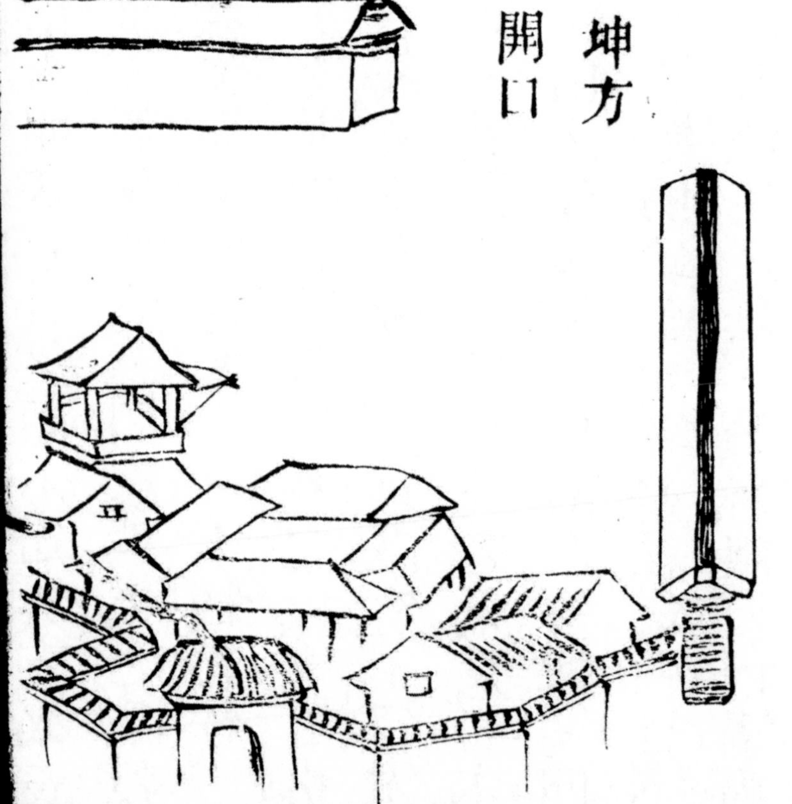

歌曰前門坤住後門坎兩氣俱從一白驗上中鼎盛不須言行到下元留一半

一句子曰口開外要有昌拜氣來方足以抵內氣之離空方為有力

元極 按離宅重重圍住中間天井之離氣自盛前門開於坤角引坤氣入宅必審坤氣之來足以抵制離氣所謂昌拜之氣是也若外無昌拜之來無論開門何方胥不足以改變內氣也今之巨宅每於大門內作屏風外築照牆閉塞氣口而俗師輒謂開某門則吉開某門則凶甚至即其舊門而左右偏移一線即以為吉凶在握矣殊屬可笑

東南角收巽氣。東北角收艮氣。若門路引來。四局八局吉。

大直屋

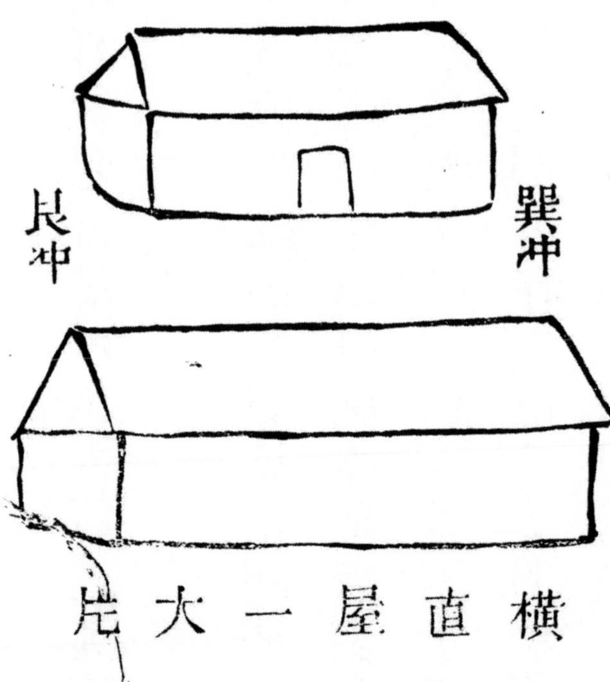


橫直屋一大片

歌曰此屋連牆大宅逼或居曠野或城中八方俱有分風路須向三元細覓踪掛角東南風受巽居於東北艮風冲再將門路來相引參錯毫釐辨吉凶

一勺子曰巽角艮角之外要寬敞又屬來氣方好若緊狹又或是去氣當分辨吉凶理氣以形勢爲準也

元極按以橫直屋一大片向一大直屋皆靜體也必尋冲口以取動氣吉凶乃見東南受巽東北受艮之例亦必冲口淺而受氣之房亦淺乃驗反此當活潑視之葢動靜之機甚不一端俗術死執方位不於形局上着眼無論諸家僞宅法用之不驗卽以三元授之亦終不驗也

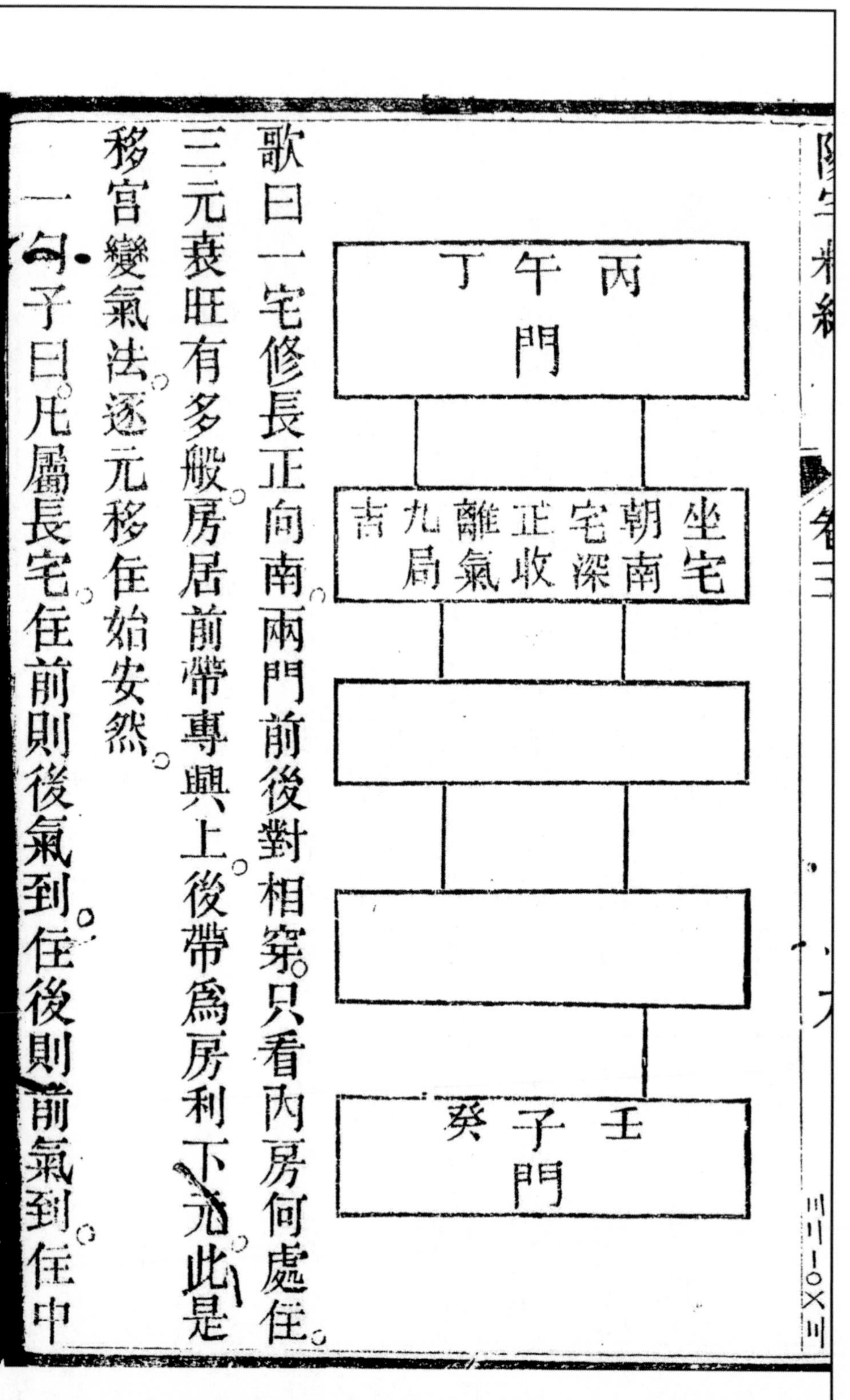


歌曰一宅修長正向南兩門前後對相穿只看內房何處住三元衰旺有多般房居前帶專與上後帶為房利下元此是移宮變氣法逐元移住始安然

一句子曰凡屬長宅住前則後氣到住後則前氣到住中

兩氣俱到吉凶叅半或局內局外有穢地及有歪斜破缺則局變。

元極 按兩門前後對相穿之宅必須修長乃有前後氣後受前氣居中兩氣俱受之分若非修長而亦前後兩門對穿則氣不蓄矣。

此宅兩三進有六七間開濶宅淺形促是震兌之形雖開離門而室內在左兼坤氣在右兼巽

任右四局吉

任左二局吉

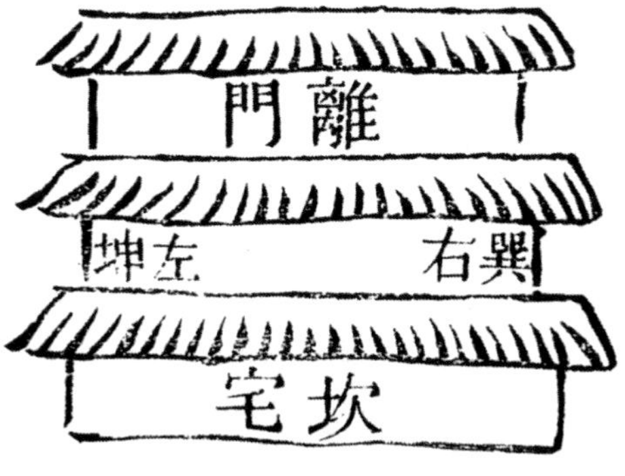

離門

巽右　左坤

坎宅

氣下元似可平穩不能發福。

一句子曰此宅若翻看開坎門則室內在左兼艮氣在右兼乾氣下元大發然亦總要合內外氣論之毋僅拘內室以定吉凶也但收引室內亦是一法

元極　按橫瀾坎宅開離門而左受坤氣右受巽氣必二運四運乃吉若在下元未可以爲平穩也合外氣論之離門之外設有大昌大拜之氣歸結到宅室內巽坤不能敵之文爲下元旺宅

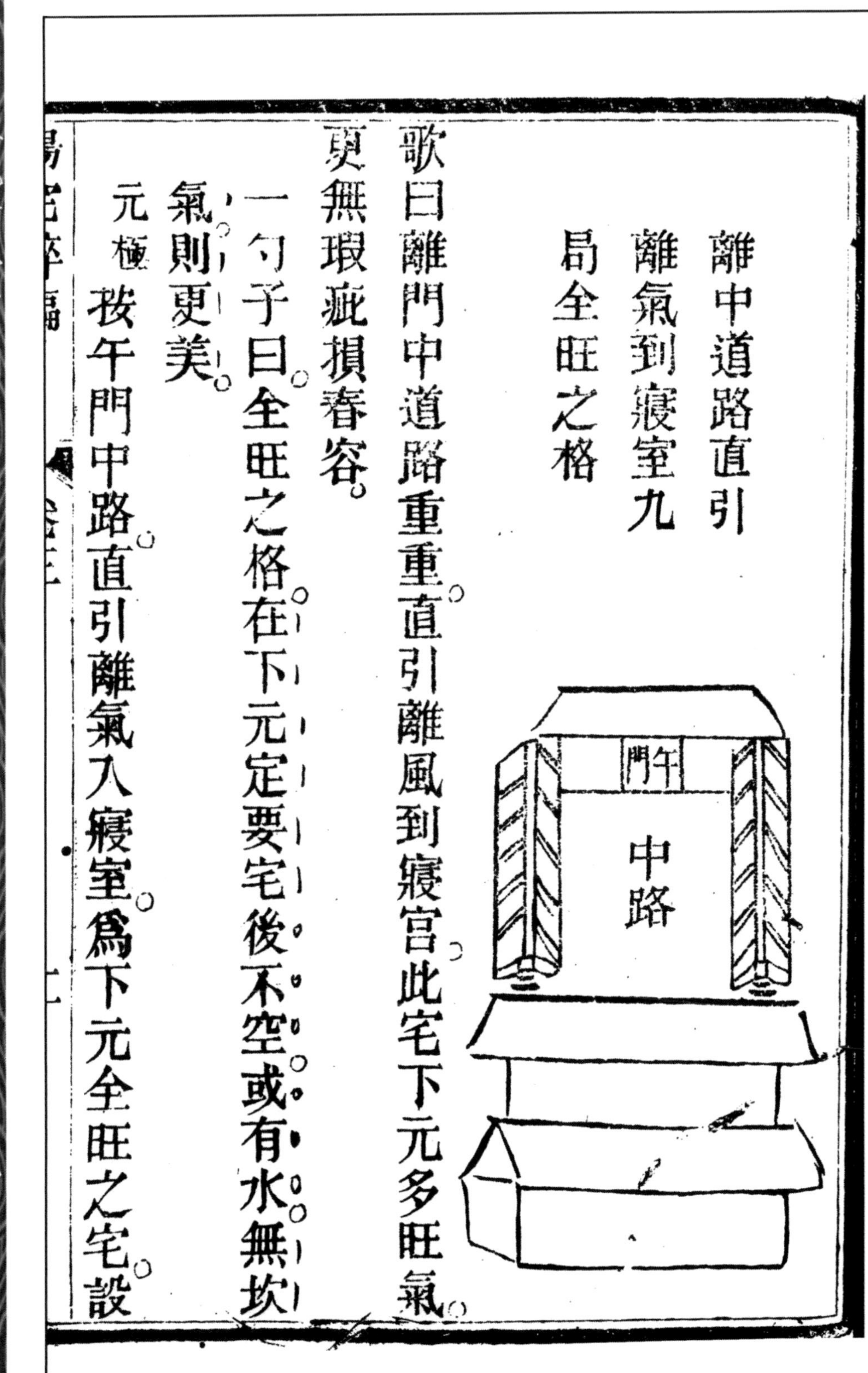


離中道路直引
離氣到寢室九
局全旺之格

歌曰離門中道路重重直引離風到寢宮此宅下元多旺氣
更無瑕疵損春容
一句予曰全旺之格在下元定要宅後不空或有水無坎
氣則更美

元極 按午門中路直引離氣入寢室爲下元全旺之宅設

受坎氣反響或左右高低而別有雜氣冲入則變矣

正門離路偏東受巽氣

中元雖旺女人多病以

午門故主女病若當旺

運則吉

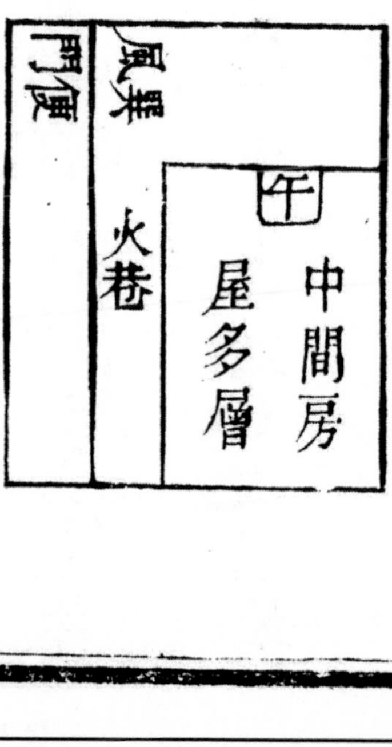

午

中間房

屋多層

風巽

火巷

門便

一勺子曰巽風吹入冲離宮女件情郎走阡陌此宅女人只有此病中元有之下元則長中二媳并室女如花者皆有此病

元極按巽風冲離之局中元四運巽風旺也冲離四九爲友何害一勺子謂女件情郎走阡陌之病中元有之謂中

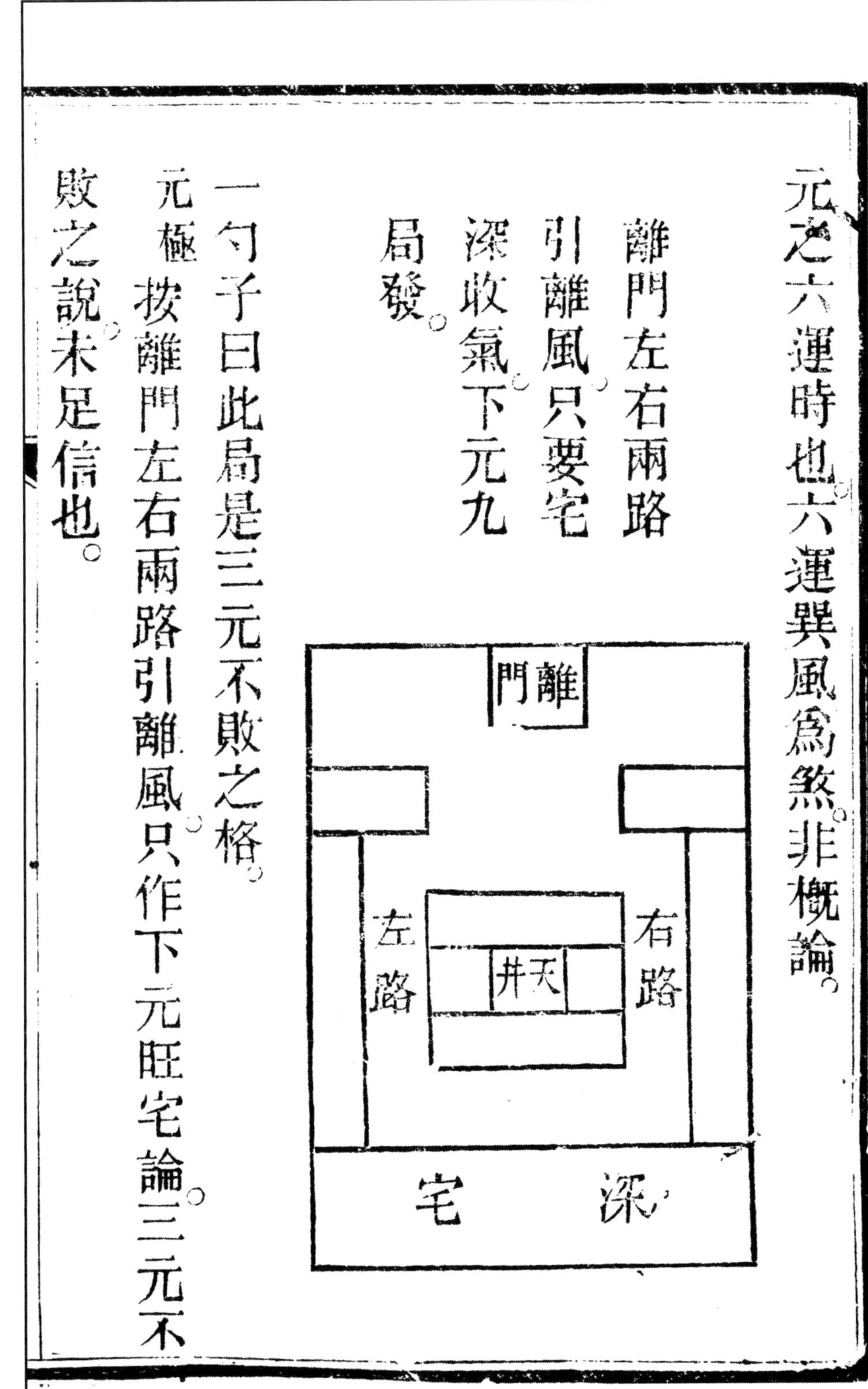

元之六運時也。六運巽風爲煞。非概論。

離門左右兩路引離風。只要宅深收氣。下元九局發。

一勺子曰。此局是三元不敗之格。

元極拔。離門左右兩路引離風。只作下元旺宅論。三元不敗之說未足信也。

宅向坤開離門只要宅方受離氣若深奧便雜坤氣矣

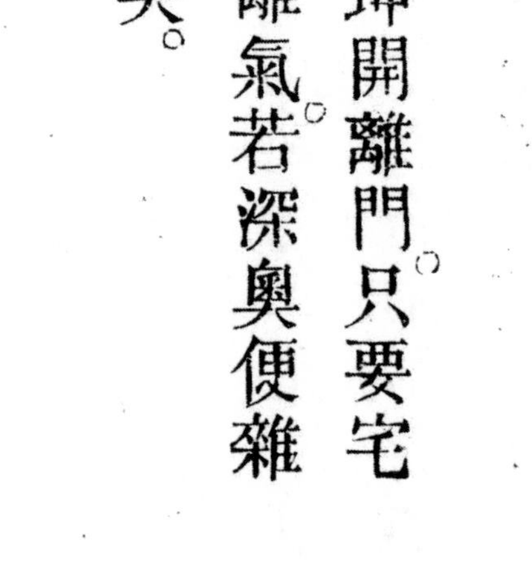

| | | |
|---|---|---|
| 離門 | 坤 | 賣與他人拆去吉兌 |
| 巽 | | 乾 |
| 震 | 艮 | 坎 |

一勺子曰開門引氣之法於宅深宅淺宅方宅缺宅扁宅長等局精細審察如此宅方開離門乃引離氣若宅深長雖開離門亦變成坤氣拆去兌方得局合元下元大發

元極拔向坤之宅形方而開離門引離氣入宅不雜坤氣誠是也惟折去兌角兌空大於離門兌氣入而離氣可不

問矣斷爲下元七運大發
雖亦坤向離門畢竟宅深
坤氣下元只許平穩終難
發福路走左猶可走右全
非走左震巽也

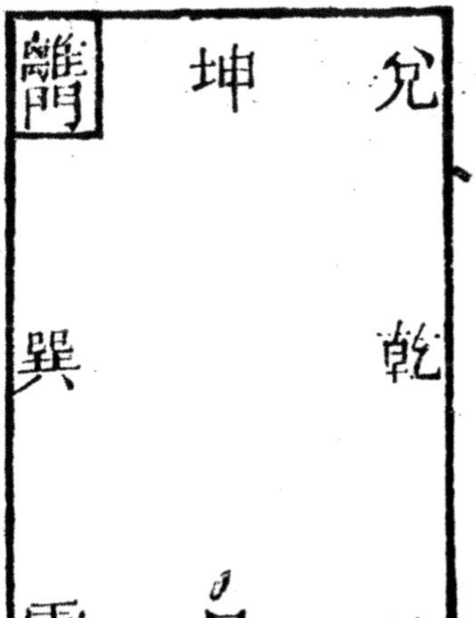

| 兌 | 坤 | 離門 |
| --- | --- | --- |
| 乾 | | 巽 |
| 坎 | 艮 | 震 |

一勺子曰此宅長於下元應走乾方門上元應走巽方坤方門若下元走離兌門終屬坤氣上元走坎震門總屬艮氣不發

元極按坤向離門而宅深實受坤氣上元宅也下元烏得平穩所謂平穩者亦或路之走左然耳

乾巽屋門開離方宅形方九運發六運發若深奧便雜巽氣宅要方乃收得離氣如開卯門大凶。

| 震 | 巽 | 門 |
|---|---|---|
| 艮 | | 坤 |
| 坎 | 乾 | 兌 |

一勺子曰開門收氣惟看宅形方深淺促外廠氣厚則氣至不變若外實宅長則氣入堂戸變成本宮矣

元極按巽向宅方開離門在下元固大吉也若在上元又當開卯而閉離矣且上元開卯三運四運尤吉

添造修方歌曰修方起造係安危本宅鄰居一例推動着旺方能驟發衰方有碍甚堪悲太歲煞方俱不論三元局裏看從違假如巽上添新屋中元隆起下元頹幸得低平猶畧可若然高大化爲灰。

元極按巽上添屋在下元而低平畧可最忌高大之說必所添之屋距遠而廻風變巽者乃驗若近廻乾風又下元吉氣也以下四例俱有遠近之辨不可執一。

添房歌曰舊宅居西新宅東莫云高聳起青龍上元喜得添祥瑞七兌元中災咎逢。舊宅居東新宅西莫言白虎定災危中元首運多虧失七赤興工慶有餘。上元坎氣正興隆宅後高樓起數重。此是本宮添一白。愈高愈發福無窮。

乾上他家聳畫樑。天門高起現禎祥。誰知宅內連連泣。七赤元中犯煞方。

坤水門前旺下元。偶嫌屋舊整新添。飛災忽到平安宅。只爲修坤煞氣纏。

元極按坤水門前下元旺水也。以現光取效。必整新添屋。有以蔽之乃變煞也。

前門坤。後門坎。

同屬上元兩氣

兼收上中俱吉。

下元減半。

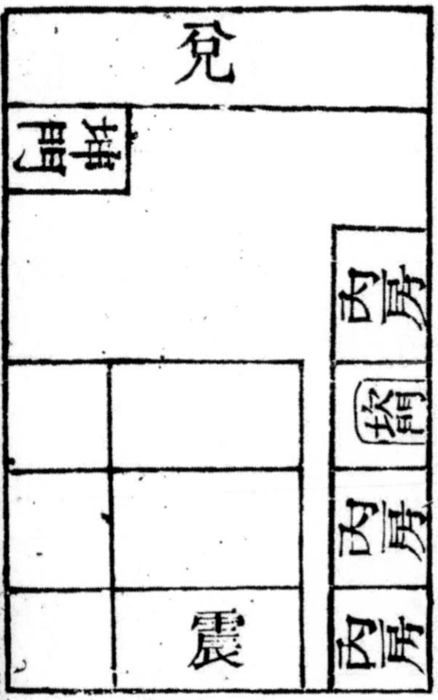

兌

井罡

房內

門坎

房內

房內

震

歌曰朝西之宅兌氣清如何下元亦不興只緣內房都在坎門兼坤氣不分明。

一勺子曰坤坎二氣上元本吉中元亦利以五黃運內得坤坎氣爲五黃正位也再得乾巽兩催則中元之旺力過上元矣至下元則不能發。

元極按三元只分兩元中元五黃分寄乾巽其在氣局上四運以一二三四爲正六七八九爲零下兩運以六七八九爲正一二三四爲零主此則坤坎爲五黃正位及乾巽兩催之說皆破而不可用矣。

正門離便門卯上
元下元不同分房
有起倒一發一敗
一盛一衰

歌曰共宅同門共爨烟一林荊桂各爭鮮只緣門路宫宫變莫說青囊理數偏長房居中離氣正下元方得喜便便次房變坤二運發季房變巽發中元八宫依此論衰旺此訣分房永不傳

一句子曰此宅下元八運九運上元三運俱應大發無凶宫宫變處以火巷短長辨之

| 旁屋 | | 午門 |
|---|---|---|
| | 卯 便門 | |

元極按分房以離向一宅爲例。居中受離氣。九運大發。居左變坤二運發。居右變巽四運發。不過指其大槪耳。門路宮宮變處。及外氣之有無。廻風之遠近。尤多毫釐千里之變也。

前門離。後門艮。

俱是下運中元不利。

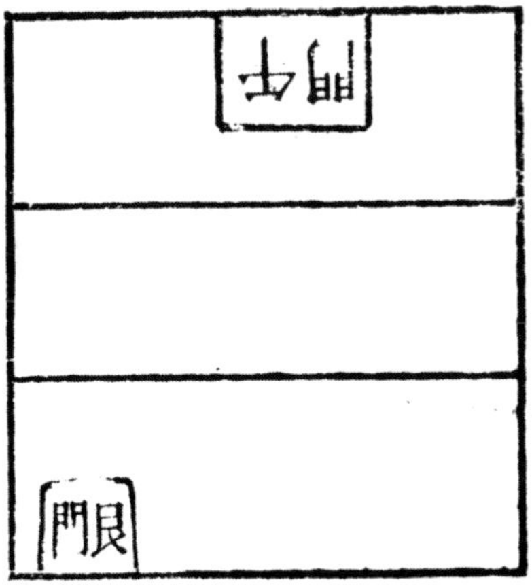

歌曰前門離位後門艮。兩氣俱從七赤進。下元無數錦添花。行到上中君莫問。

一勺子曰中元六運內二十年最好然亦無定格。

元極按一勺子六運內二十年最好之說意取午門艮門於六運乾卦有先後天交互之妙也。

此宅修長前門離後門艮。只要看內房何處住若居左邊二吉住右邊四吉住後帶八吉內房住地以此爲斷婚得妥協。

午

左　右

艮

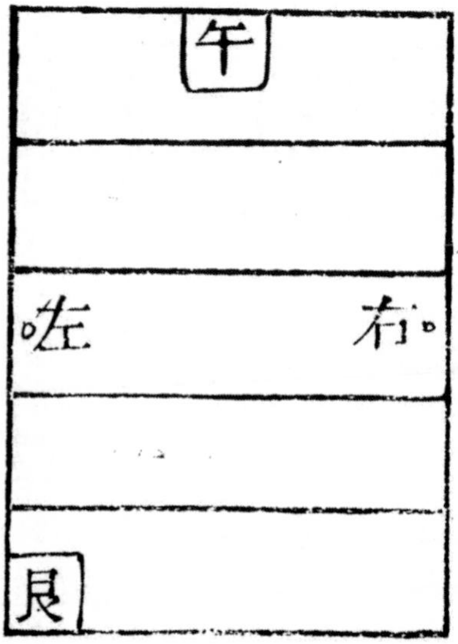

一勺子曰宅舍修長住後離氣多住前坎氣多惟後屋之右十二間方得艮氣住左中得坤氣右中得巽氣若在後

左後右必不得巽坤之氣矣。

此宅下元開坤門本不合元然亦無災者。因東西寬敞煞氣綿長變爲吉氣

一勺子曰下元東煞變爲吉氣者是有東氣來不開門以迎之西屋山尖都層層遠列歸結到宅更空地寬濶有百餘步西氣到坤門則煞變爲吉此等活動法子務宜精詳

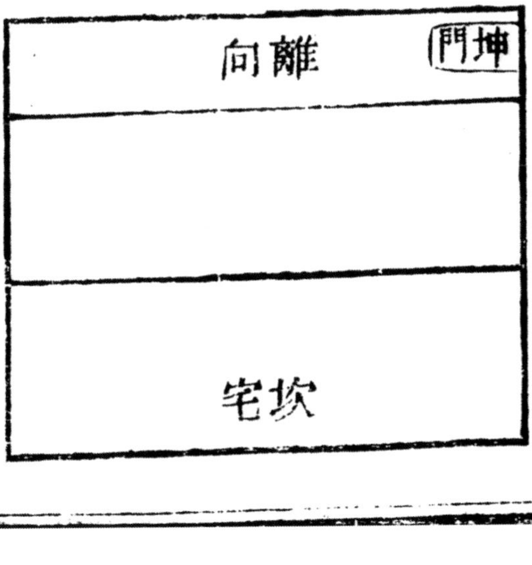

坤門　離向

坎宅

形門要审形
局形局不同

審愼

元極

按離向宅下元開坤門因東西寬廠煞變爲吉此其所以無災也然有不因東西寬廠而亦無災者必坤門外重重閉塞而獨迎離向之天光也況東西寬廠之宅分房又上元宜左下元宜右不可不辨

此宅離向又開艮門下元當發而不發者以東地寬廠深奧門變甲方故困而不發

午門

艮門

東西过长看是艮气
実收卯氣入宅、形局之言不可不確

歌曰東西分明門在艮如何下元總不應只緣此宅東西深門變甲方常守困

一竹子曰因東氣來大雖開艮門實受卯氣也

元極按離向艮門因東地寬敞深奧即變艮而受卯方之氣故凡開門必審形局而究氣之可引與否俗術開門八法徒取天生延爲三吉不問形局并不知所引何氣也陽宅之爲若輩作壞者觸處皆是豈勝歎哉

此宅離向兌門下元如何不發因卧房俱在後左則坤氣長深

坤 午

兌門

南北太長

兌氣不發 看坤下元 均分故即

吉房 吉房 卧房凶 卧房凶

一句子曰後左之房受坤後右之房受巽下元俱不利惟中房受兌吉後房收離吉又要看門路

元極按離向兌門後左後右分受坤巽之氣必宅深而離兌又俱閉塞者始效又要看門路云云是看門內門外之路審其引氣之當否也

此宅坐震向兌開兌門兌氣清潔此上元更高七赤大發

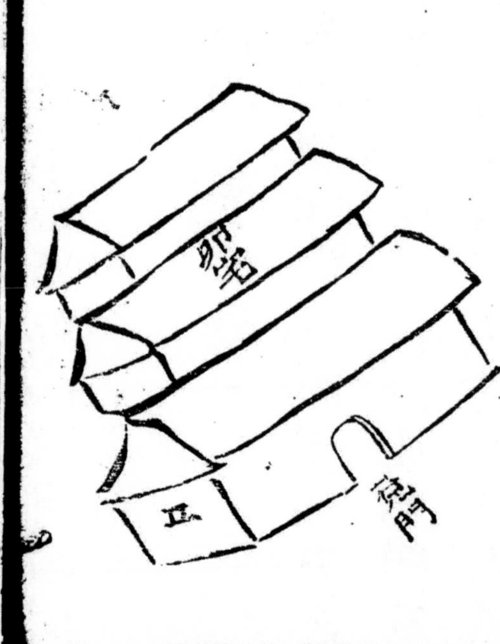

歌曰一樣兌門宅正方如何此宅比人强只爲面西房在震兌風清潔少參商。

一句子曰宅前左角坤方地實或有水則兌氣精若開廠無水則雜矣又或宅長兩邊窄則兌氣亦清。

元極 按坐震向兌之宅收兌氣清潔只應下元大發何云比上元更高上元必敗無疑也而有上元不敗亦不大發者必有兌氣未清坤氣入宅故也。

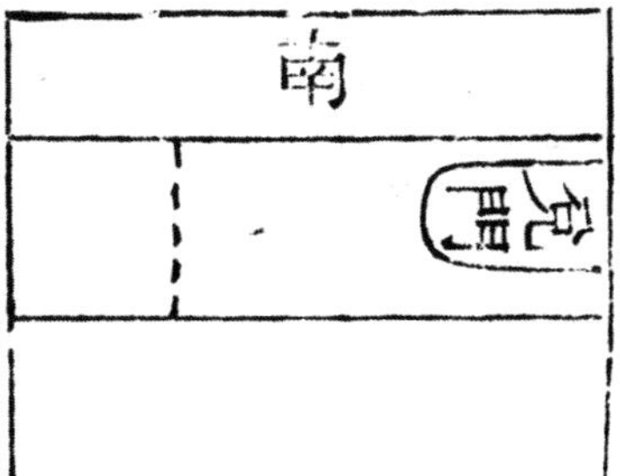

此宅坐北朝南開兌門東西寬廠內屋受兌氣下元七運吉。

南

兌門

一勺子曰東西寬濶法宜閉東開西七運方發然而止發丁財不發大貴

元極 按朝南之宅不雜坤巽兩氣於七運閉東開西可許發也若上元而閉西開東亦必不發以朝南本屬下元故也

此宅坐震向兌兩邊寬長雜乾坤二氣當七赤運內必定分房偏左偏右有吉有凶

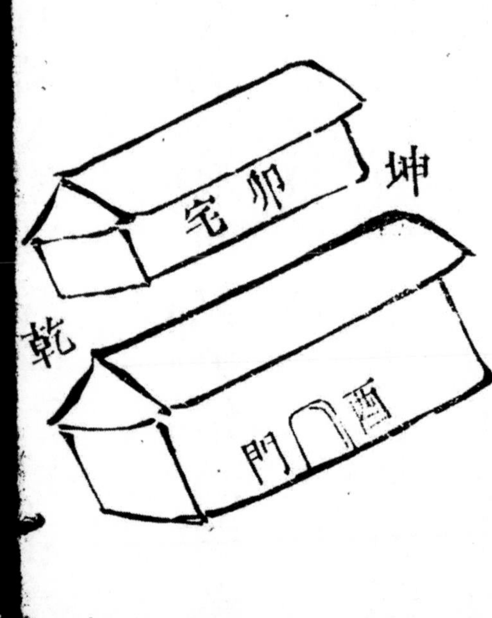

一句子曰此局宜於坤地鑿池變成吉宅。

元極　按兌向七赤運也在下元可兼乾氣惟忌坤氣之凶。能於坤地鑿池取水住現光為二七同道決主大發然兩邊以寬長而分房又甚不易補救也。

此宅離門乾方拖一脚變成巽氣下元住乾方凶上元乾方吉七兌大凶九局住正房大發。　按此巽坤氣下元八運凶。

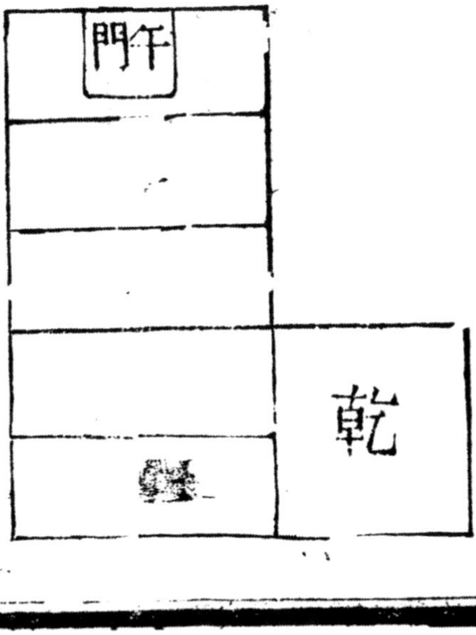

午門

乾

歌曰離宅修長開正門下元居此有愁煩只爲乾方拖一脚變成巽氣起攀援內房居艮方含笑若在乾方濕淚痕

一勺子曰此局左角艮房得坤氣右角乾房得巽氣下元大凶宜任修長處午方正宅之前中二層開兌門得兌氣大吉

此宅兌形長中元不利東邊伸一脚變爲乾氣內房屬巽六局大發丁財

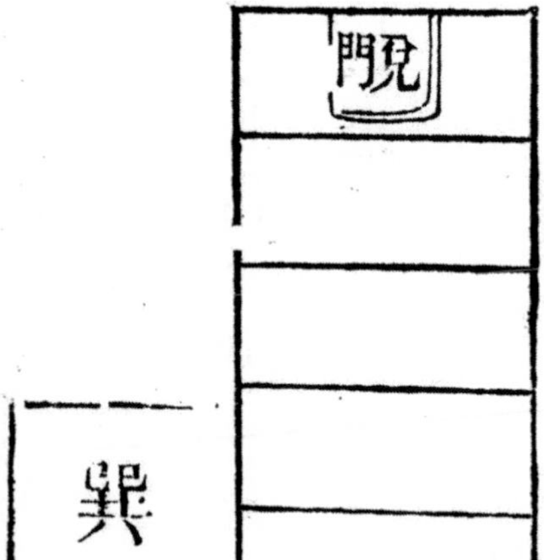

兌門

巽

一勺子曰屋本中元不利因內房住卧之美便發丁財可知人生卧房之要緊

元極按宅之拖一脚者固必兜回對宮之氣也然拖脚有短長對宮有虛實尤必一一審察之相宅始有準驗倘一脚者同例

艮宅坤門下元本不利若割去兌方變成離宅受兌氣下元大吉

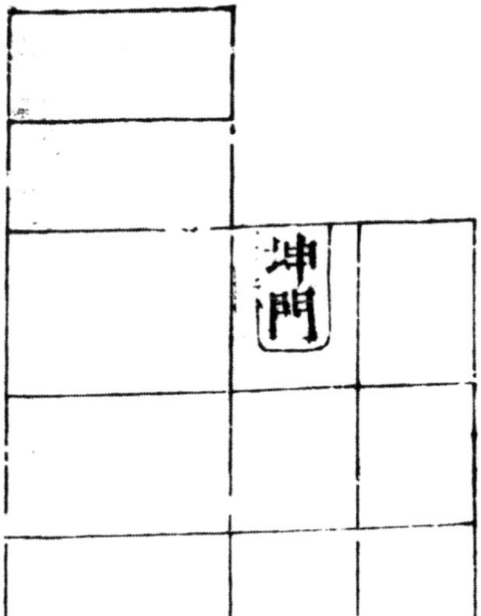

坤門

一勺子曰。此宅離方長。兌方缺。將坤氣化盡。止見兌空飛來故佳。

此宅中元不利。喜折去乾方上凹風入局以變福。若形局長則乾方之凹。變入坎矣。伸脚變恩為仇大凶。

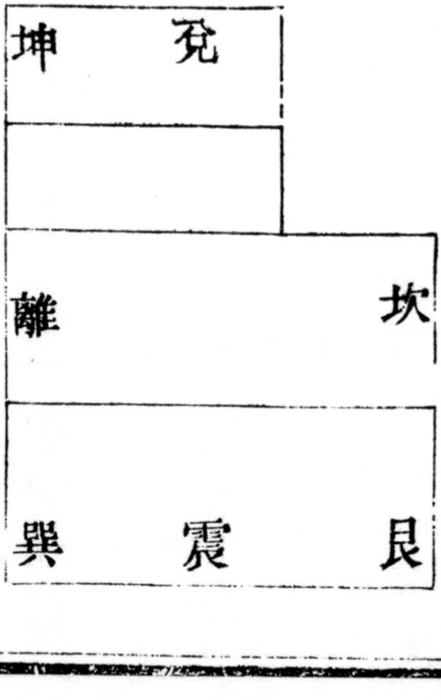

兌　坤

坎　離

艮　震　巽

一勺子曰。方樣正排。恰缺乾方。若坤脚稍長則乾缺變作坎凹矣。作法之妙。握造化奪神功。宜哉。

元極按宅之缺一角者。必受缺處之氣。世有不利之宅。偶爾折角而大利。利後添修而不利。此中有天焉。不盡人事之操縱也。而得操縱之柄者。亦愼毋輕試以逆天也。

此圖以七運論分房吉凶坐坎向離

此房天井在巽明窗在卯四吉七凶

此房巽艮二天井若開巽門七運凶

天井

門

天井乾坤若俱漏光離開兌門亦難救凶

此房門路天井明窗在兌七吉三凶

全吉

此房若開卯門三吉七凶

此房巽艮二天井若門在艮來吉

天井

門

此房坎坤二天井俱不開光吉

此房天井明窗在兌作吉

全吉

此房門路在巽天井在卯七凶

天井門路俱在艮此房大吉

天井

門

天井門路重重在坤大凶

天井明窗在酉七吉

全吉

歌曰。宅門只把正門量。僕妾兒孫各有房。一步一星隨地變。門窗衢路亦推詳。天光落處皆春色。此事精微莫顯揚。一路之中災福異。管生管死在微茫。

一句子曰。堂內分房。總以天光落處皆春色為定評。若不見天光則無氣到。一見天光落在何方。則以何方為斷。故牆空屋缺門路窗戶。皆以天光落處驗之。

元極按天井固取天光也。然必濶大而無池者。乃只以天光為准。若鑿有池及形小而深者。又當兼水論之。或專主水而不主天光也。俗術分房。死執東西四命八宅遊年。及紫白吊替為斷。不知有天光。又烏知天井中亦有水局也。

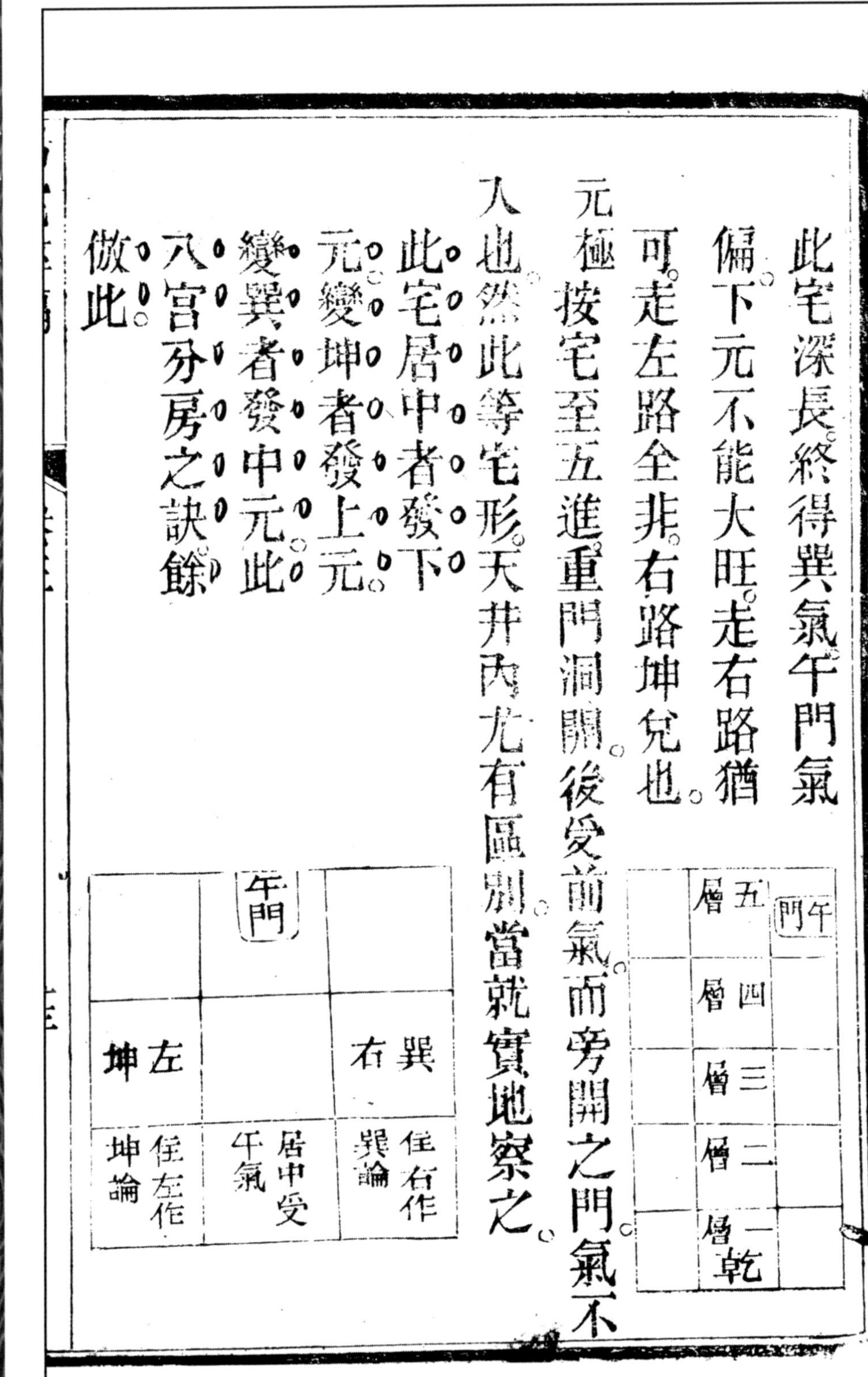

此宅深長終得巽氣午門氣偏下元不能大旺走右路猶可走左路全非右路坤兌也元極按宅至五進重門洞開後受前氣而旁開之門氣不入也然此等宅形天井內尤有區別當就實地察之

此宅居中者發下元變坤者發上元變巽者發中元此八宮分房之訣餘做此

| 午門 |  |
| --- | --- |
| 五層 |  |
| 四層 |  |
| 三層 |  |
| 二層 |  |
| 一層 乾 |  |

|  | 午門 |  |
| --- | --- | --- |
| 坤 左 |  | 右 巽 |
| 住左作坤論 | 居中受午氣 | 住右作巽論 |

一句子曰論元發達之房以此爲準要皆以門路卧榻能迎接乃吉

元極按八宮分房之訣必氣口不通而獨乘天光者始驗或宅深宅濶而氣口不能貫注者亦驗若四正之宅一氣口盡之矣

此宅一直正巳門居右正巽氣居左正離氣四局發貴九局發財一交下元吉凶參半豫先趨避吉

| | | |
|---|---|---|
| | 巳門 | |
| 正午氣 | | 正巽氣 |

一勺子曰凡屋之下人地二卦分房收氣舉此爲例

元極 按宅開巳門人元卦位也居右受正巽氣居左必兼受離氣指南謂居左正離氣而於圖又作正午氣均誤矣四局發貴言受正巽天元氣也九局發財言兼受離之地元丙氣也然發貴發財之說要當據局勢爲斷此不過略舉一隅以爲例耳後丙向一圖可類推

此宅壬山丙向宅丙宜分左右巽離若混便不准一四九吉

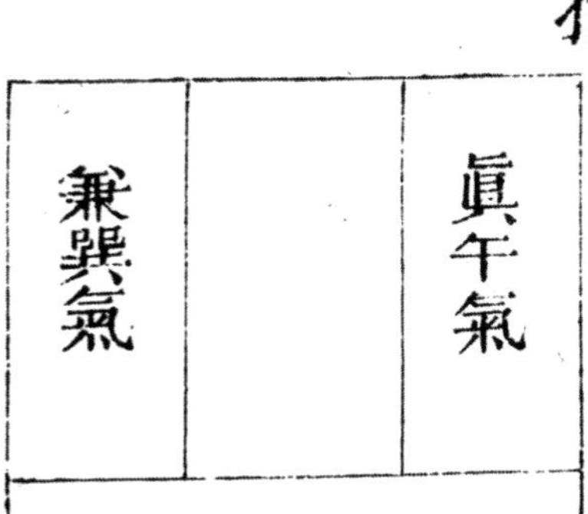

| 兼巽氣 | | 眞午氣 |
| --- | --- | --- |
| | 丙門 | |

一句子曰。丙門左角巽巳射入右房。右角午丁射入左房。故左房注真午氣。右房注兼巽氣。

經驗三元陽宅粹編卷之三終

# 經驗三元陽宅粹編卷之四

天昌鉊華陽王元極編輯
周宗璞
楊天佑 參訂

門人 周性天繪圖
王之瑗
馮家華 校字

## 陽宅指南圖說下

雲間蔣大鴻著
會稽張重明詮釋
吉安尹一勺發義

### 嶠星兜風法

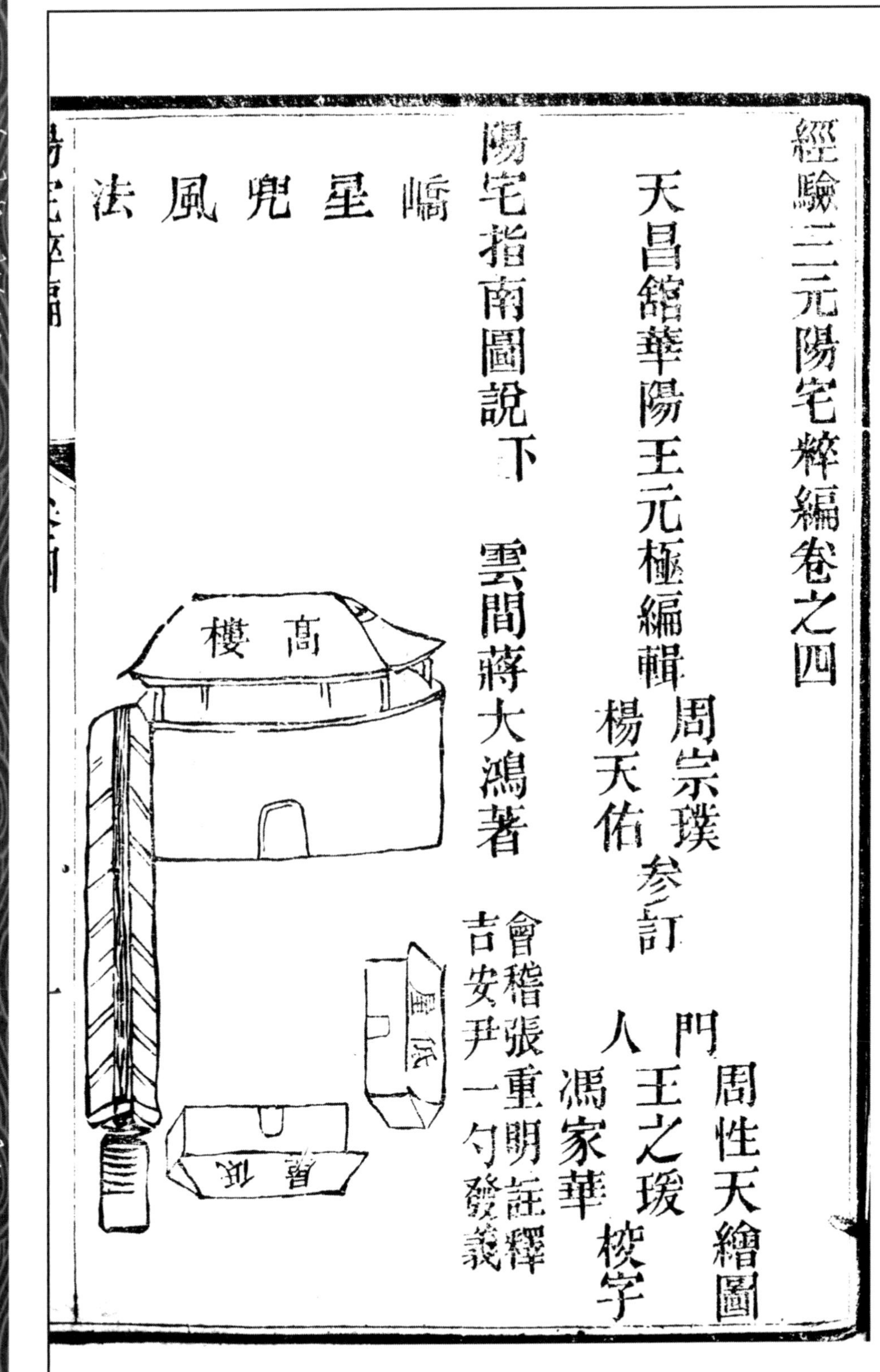

歌曰宅內高房名嶠星。兜闌風氣下門庭。若攀旺氣隆隆起。煞氣來時一旦傾。　東南雙高拱乾風。此宅中元瑞氣濃。一入下元多落魄。錦衣公子去傭工。　三面嶠星插漢青。只餘坎方是低平。北風入宅元元旺。造宅偏宜致此形。

元極　按宅內高房名爲嶠星。藉以兜風入宅。必壓煞方。其迴下之氣。乃對宮旺方之氣也。若壓旺方。則迴煞氣益宅。內嶠星不比宅外倚傍高物。迴風之有遠近也。若三面嶠星。只餘坎方低平。雖有三元不敗之應。亦當按形局審之。元元皆旺之說。尚非定論。

巽方高樓收納乾氣。六白值運吉。一交下元則不吉巽方之樓。與住屋高低相似。亦必離遠方妙若逼近卧房則不吉矣。

元極按取高樓收納對面來氣即迴風返氣之局也必距宅近所迴之氣乃不反變本宮此條設例謂有高樓與住屋高低相似亦必離遠方妙云云反似樓高於屋者亦取

巽方高樓
按巽方高樓等爲此屋而設或借隣伴氣亦可

離遠而不喜逼近矣果爾高低相似不有廻風遠近又何必問。

三面高樓只餘北方低平。坎風吹入元元俱旺造屋宜做此形。上中大吉四五七俱大吉。

元極按三面閉塞不必定係高樓而低平一面則非坎必離非離必坎始有元元俱旺之效也。

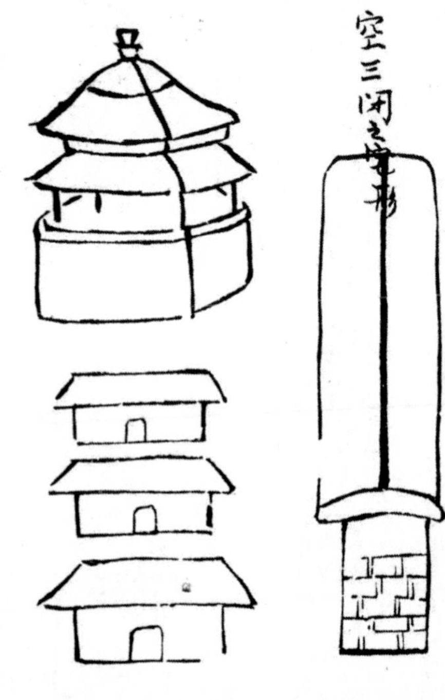

辨修方衰旺法

得運之方宜起造然亦不宜太高高則廻煞氣反致大凶如一局坎方得運造屋是也此圖巽方起屋中元四運吉必以低平爲妙高大便爲煞氣主凶。

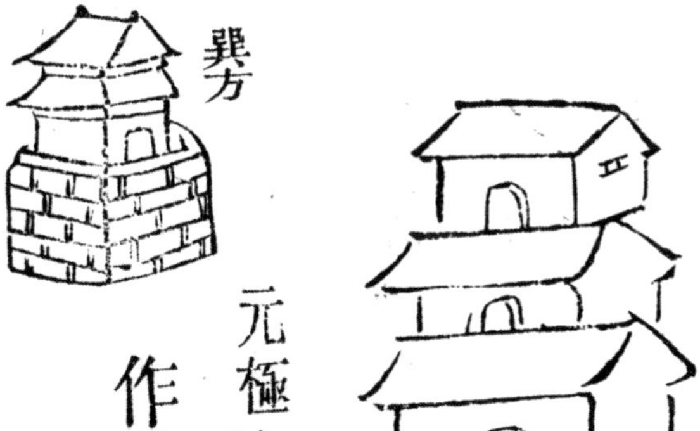

巽方

元極按後一圖與此作反比例

旺方宜修造。不可太高高則廻煞氣此局下元修離方高樓與廻風返氣說不合下元離方高是的煞此以爲旺似矛盾。

一勺子曰離高坎低者離實坎虛也是坎氣到故云下元的煞但離方高樓之背層層自高而下卸入高樓歸結到宅棧得離氣到屋坎方勢低而去是正合修着生龍頭之訣吉莫大焉此五行之所以有顛倒也。

坎

元極按旺方宜修造不可太高高則廻煞氣故知廻風返氣所借嶠星之必壓煞方也然亦必審地勢之虛實若何觀一句子葬下元修離方高樓一條相宅之訣可會通矣

乾方起樓七赤元中犯煞方七赤元中乾氣退運不可擅動及高起

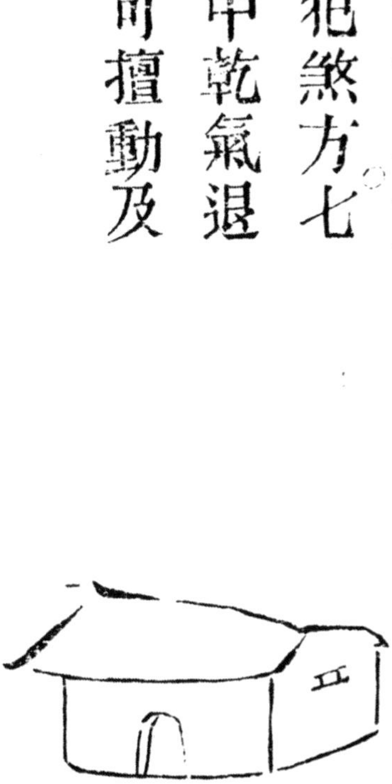

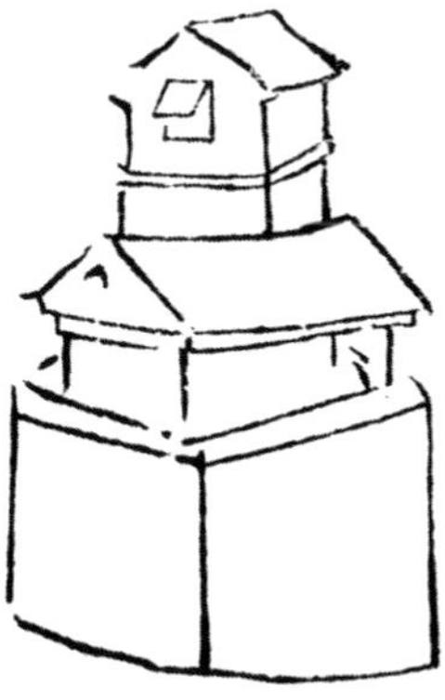

一句子曰嘉慶九年甲子爲七赤下元今爲當權秉令人皆云六乾同旺而不知動在兌方乾方宜靜之竅此云犯

煞其垂示後人豈淺鮮哉四元當運三碧倣此

元極 按上四運之震巽同旺下四運之乾兌同旺此板格三元之說也不知四旺則三爲平運七旺則六爲平運天道消長有定數焉非盡人事之可操縱也

附胎元例二之一三之二四之三七之六八之七九之八是也忌動作尤忌有水主丁衰惟六之四一之九反發福

增補都邑市鎮之建樓臺亭塔法

元極 按樓臺亭塔之屬雖係矯星而建於都邑市鎮又每不假廻風而或鎮水口或作文筆均在形局上斟酌之增補二圖以爲例

都邑圖

城門向南。塔立巽方。遥遥作應此文筆也。不以嶠星論。

# 市鎮圖

此市鎮於水口空濶處。建一高樓。藉以關鎖氣局也。不作嶠星論。

卅文〇文

# 依山立局法

迴風返氣。如在坎方九局吉。

午
坎氣

空遠不應

歌曰　上低低一小山。不須千仞亦關闌。若然高插雲霄上。此宅眞離發下元。

一句子曰坎山空遠則屬坎氣到屋。坎山逼近則屬離氣到屋。今日七赤元中宜用西方來潤東方去低則局內俱

係西氣吉若西去而閉東來而開則爲凶宅又曰來去二字以高低遠近開閉辨亦以左水走右右水走左辨。

歌曰乾山近宅旺中元六白行來最不堪若是高峰興廢大縱然低小亦須看。

乾方

乾方高峰。一局四局吉。

一句子曰高峰總以平坦遠近陡崎濶逼分吉凶。

元極按依山立局兩例。一句子闡發無餘蘊矣惟形家先重形所依之山。必須開面有情。忌見麤惡崩陷形相而廻風。猶第二步問題也。

山宅風門法

歌曰八節周完元圃仙。午方開口。見青天下元宅。此眞璇島氣。有循環有變遷。

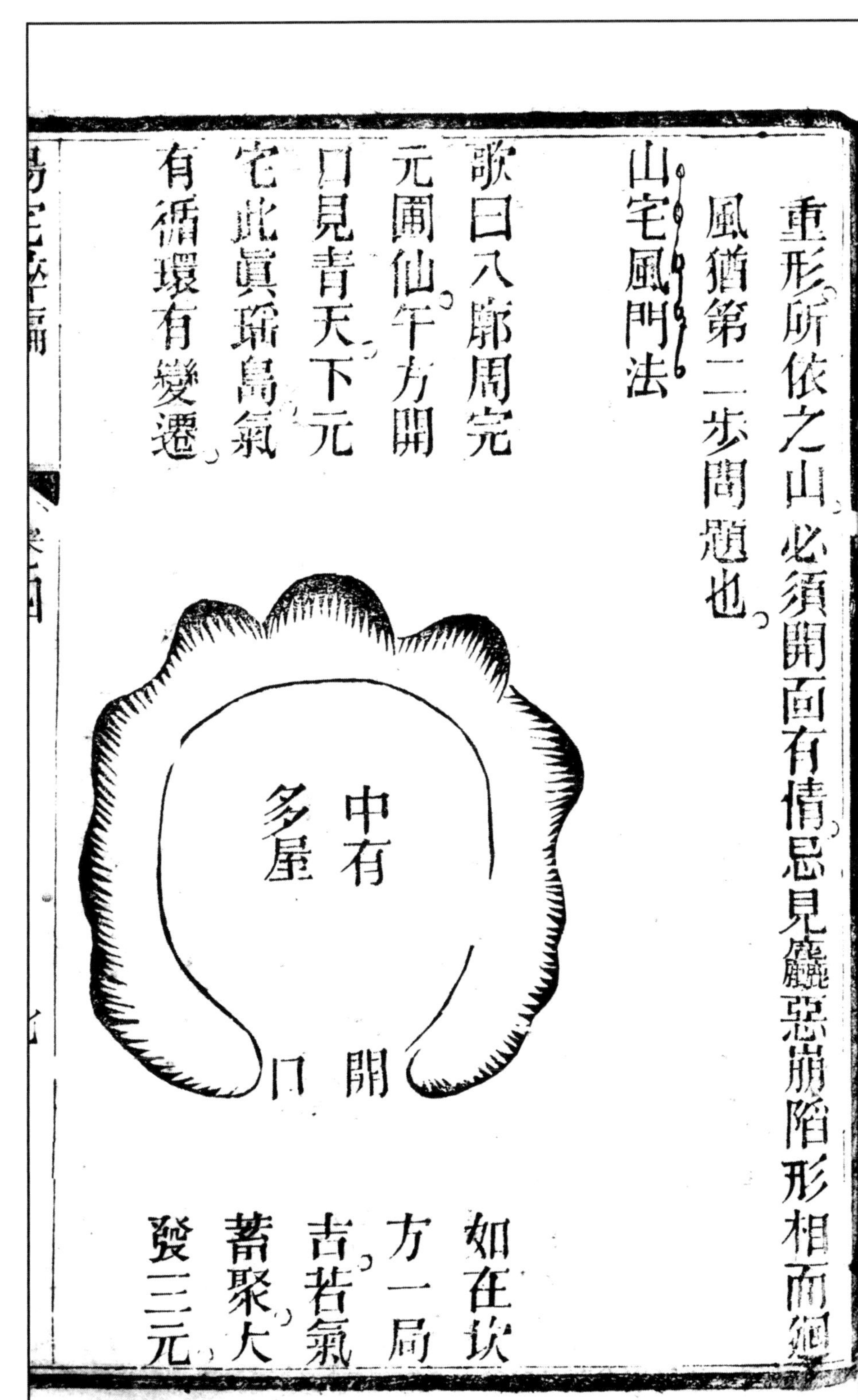


如在坎方。一局吉。若氣蓄聚。大發三元。

一勺子曰四圍俱山要以高低空濶凹缺分吉凶但氣口處更覺有力故此以下三局俱從氣口講。

歌曰山谷逼風在巽隅看來亦是列仙居中元享盡人間福七赤輪廻化廢墟。

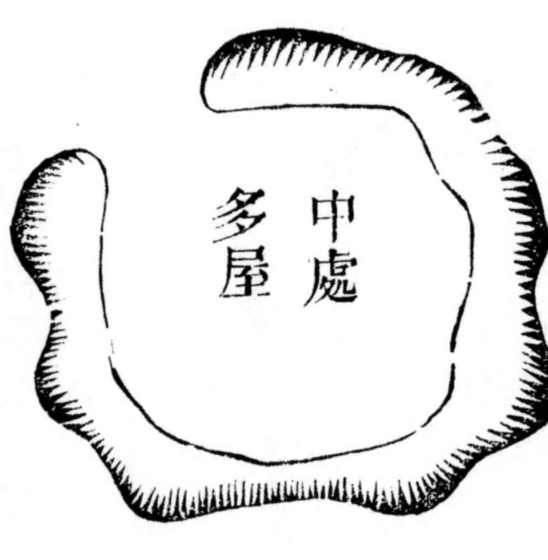


四面是山一方獨缺如在巽四五吉七六凶在午九吉在坤二吉下元凶在乾六吉七赤便滅。

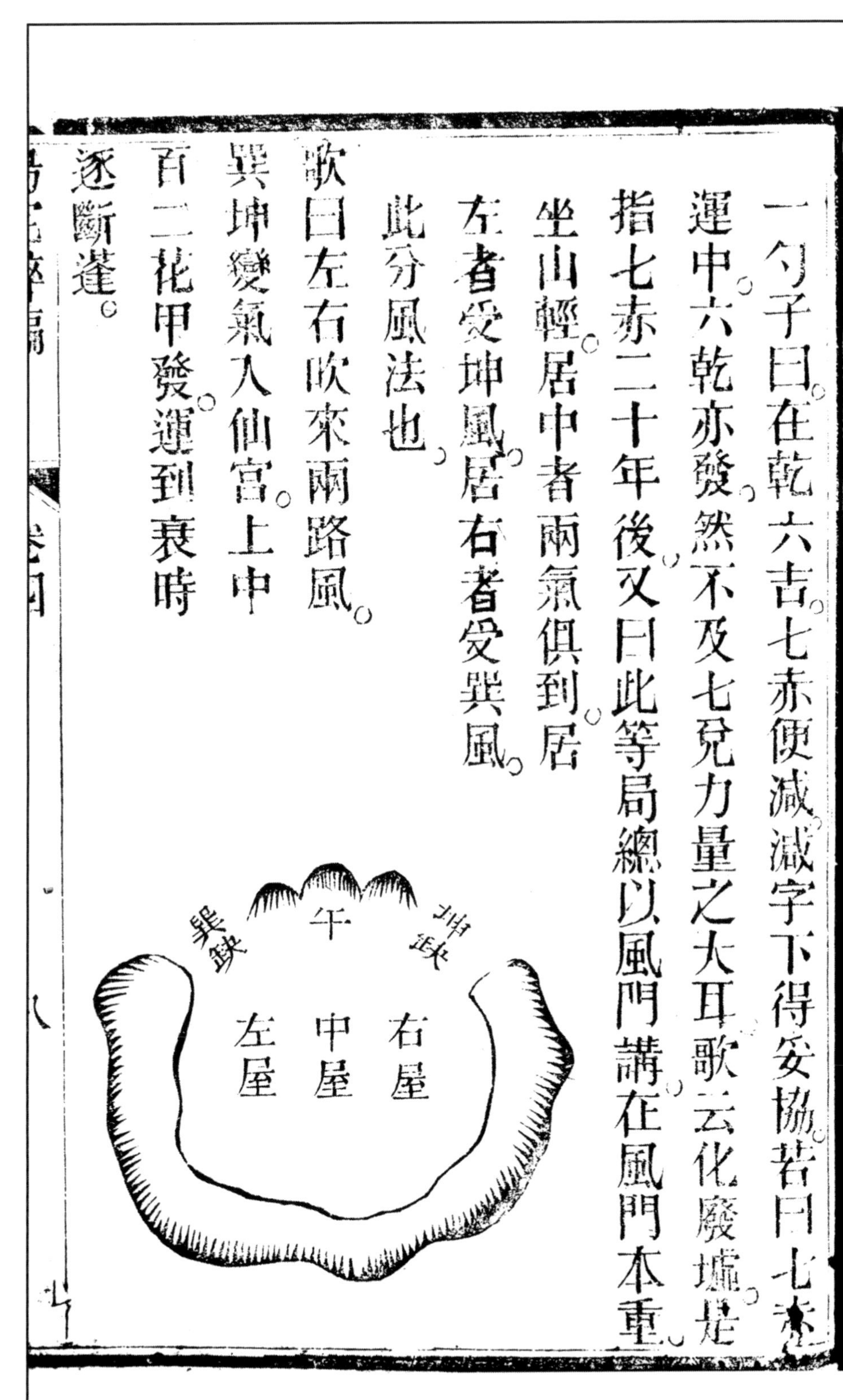

一句子曰。在乾六吉。七七赤便滅。滅字下得安協。若曰七赤運中。六乾亦發。然不及七兌力量之大耳。歌云化廢墟。是指七赤二十年後。又曰此等局總以風門講在風門本重。坐山輕。居中者兩氣俱到。居左者受坤風。居右者受巽風。此分風法也。

歌曰左右吹來兩路風。巽坤變氣入仙宮。上中百二花甲發。運到衰時逐斷蓬。

又歌曰。若是居中兩氣平。倘居山畔又移星。左受坤風巽不到。右冲巽氣坤不侵。吾爲指出分風法。趨避之間貴審情。一句子曰。居中者兩氣俱到。毎山谷陽宅發在兩頭。職此之由。世人反以居中爲正坐。誰識仙師取偏坡之意歟。

元極按山谷宅三例。俱從氣口論。謂山谷之口爲氣口也。若山不包圍。或橫或斜。或抱兩隅。或拱一面。或高壓千尋。或低只丈尺。而宅之立也。又或棲山腰。或藏山麓。或出山頂。山形之變幻。蓋有千狀萬態而不盡者。惟知因形察氣之訣。山變幻而氣亦變幻。寰球斷無不可捉摸之宅也。

增補山宅圖凡七例

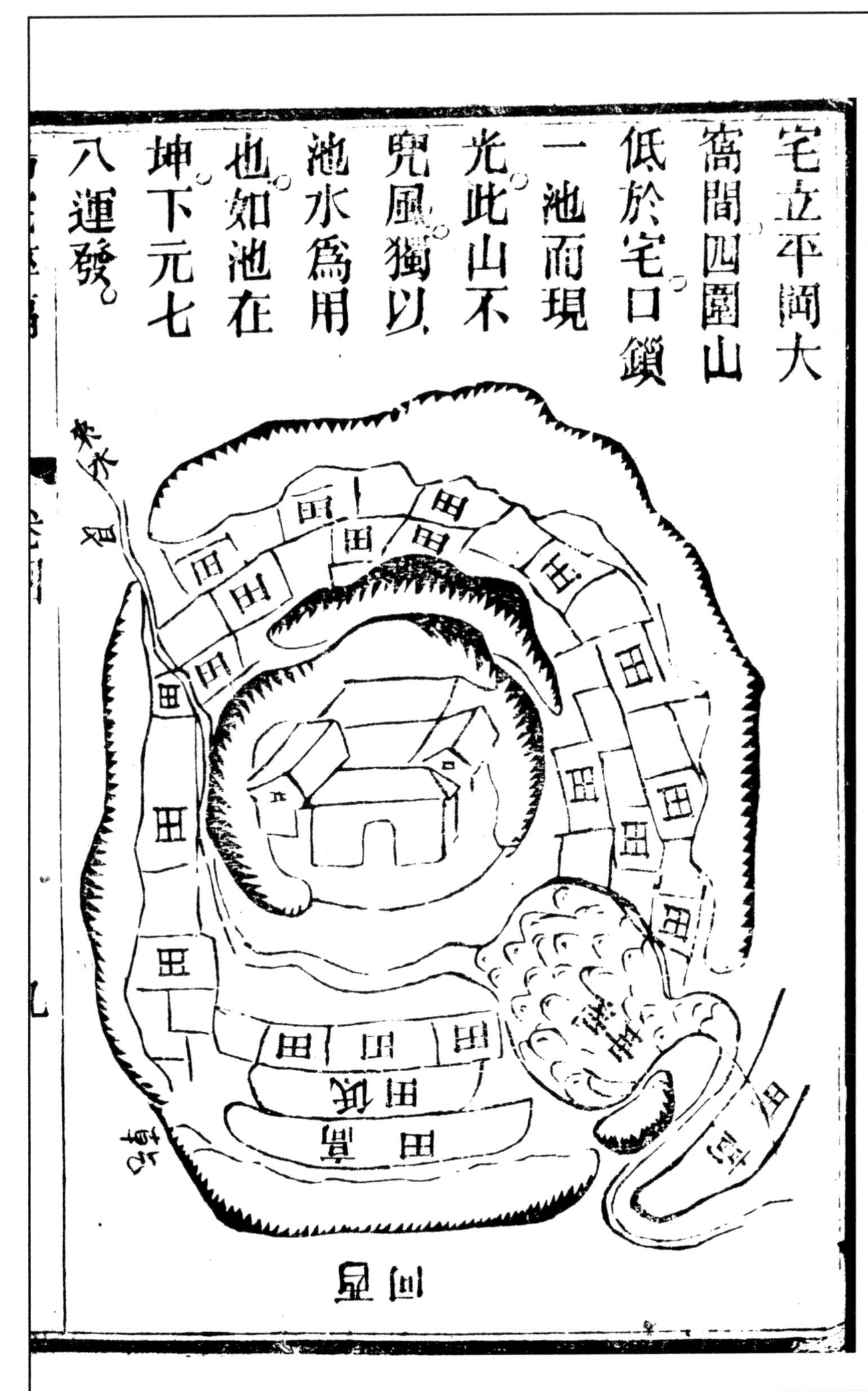
宅立平岡大
窩間四圍山
低於宅口鎖
一池而現
光此山不
兜風獨以
池水為用
也如池在
坤下元七
八運發
來水
艮
田
低田
高田

宅前長漕傾瀉直去宅後山略高於宅此傾瀉直去必引動宅後之高氣也如宅後係離六九運大發如宅後不高宅前長漕又平去而不傾瀉則反以水去風來認局運亦與前反矣

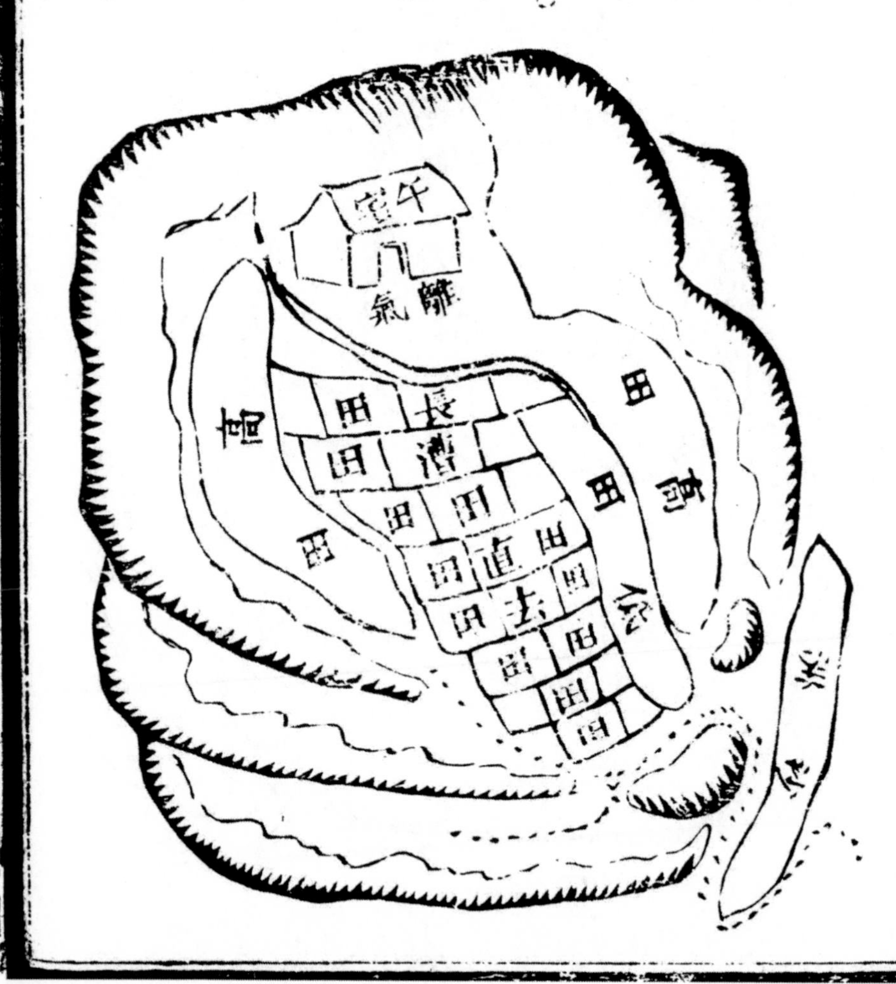

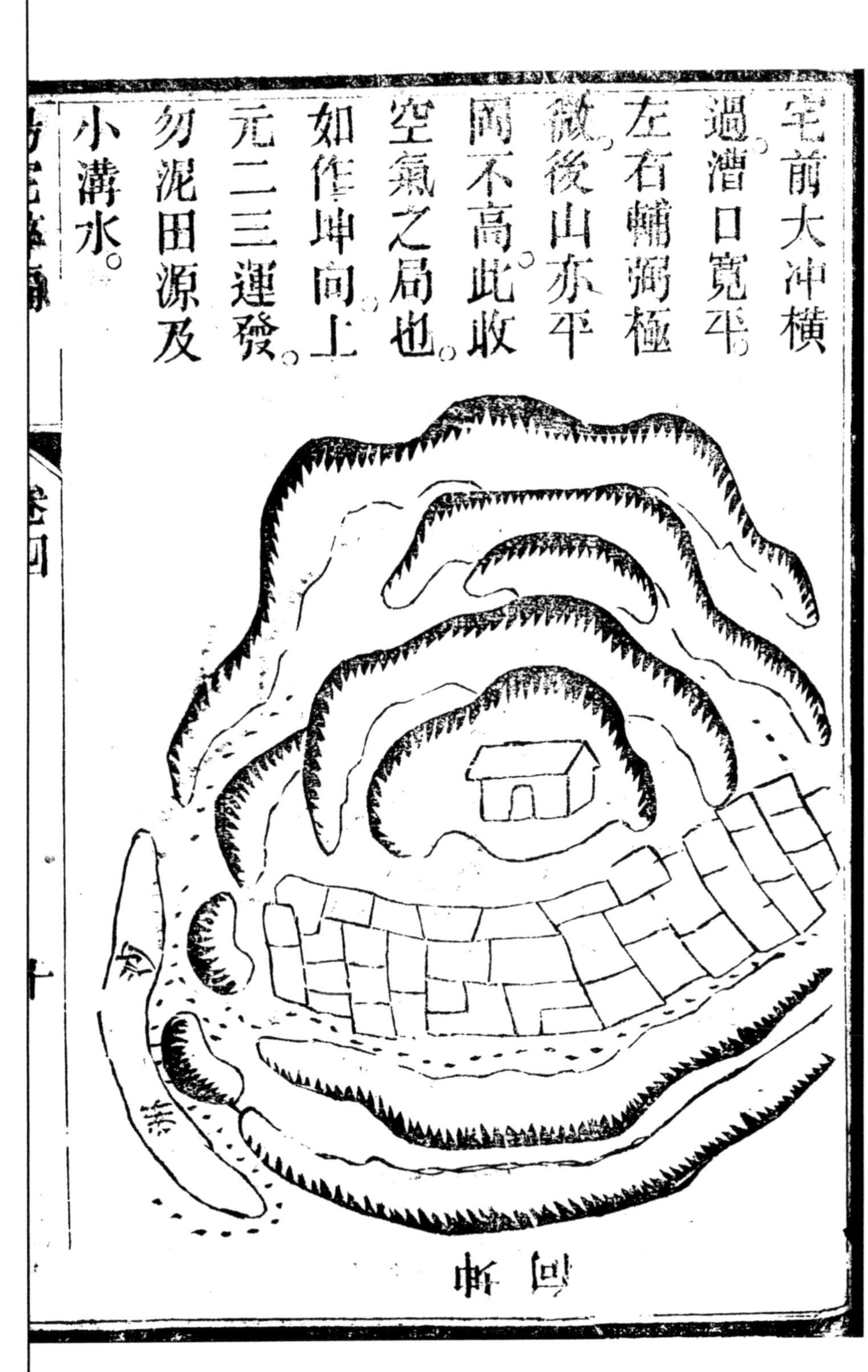

宅前大冲横過。漕口寬平。左右輔弼極微。後山亦平岡不高此收空氣之局也。如作坤向上元二三運發。勿泥田源及小溝水。

宅前上手冲口長來冲口兩旁平岡作界有一順田源水自高而下。經過宅前此不作水論而以風論宅之坐向亦並不自作主也知冲口自乾來下元九運大發上元必敗中元四運凶不可當

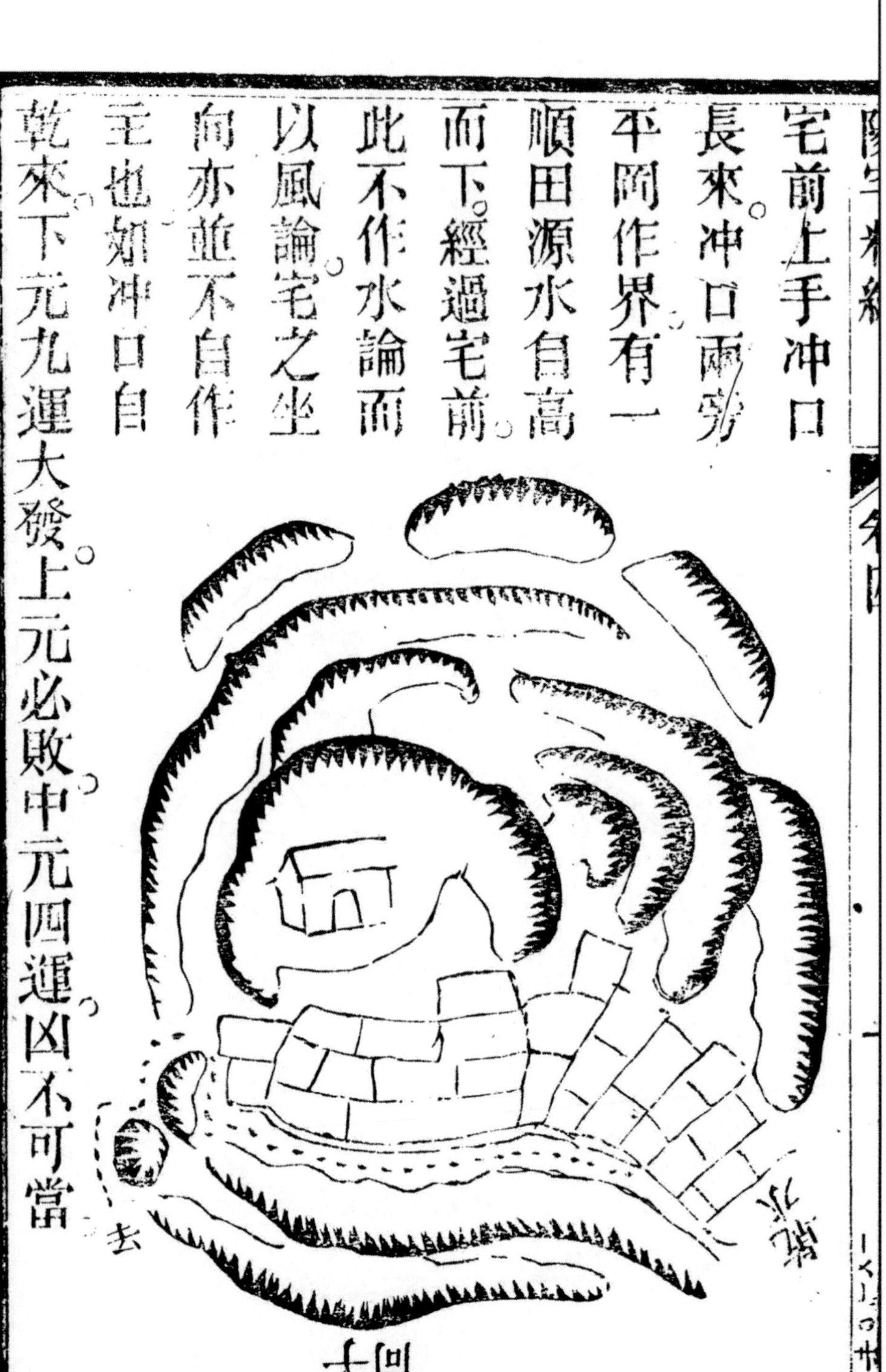

宅前小漕田由高降低。橫斜拖過級級傾瀉而去。此以低去引動高來爲主宅。向不生關係。如以震引兌。兌高震低。必下元七八運大發。

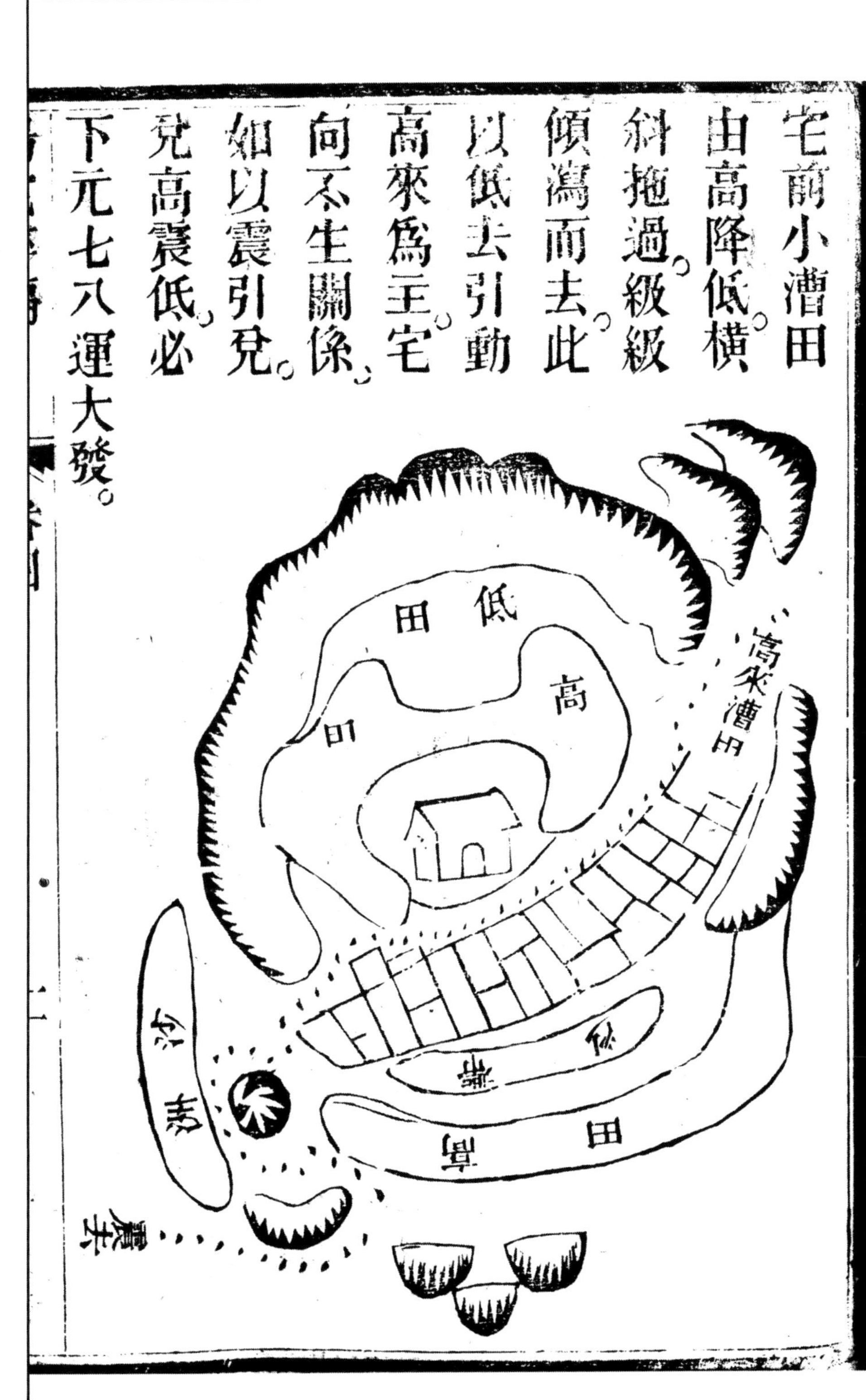

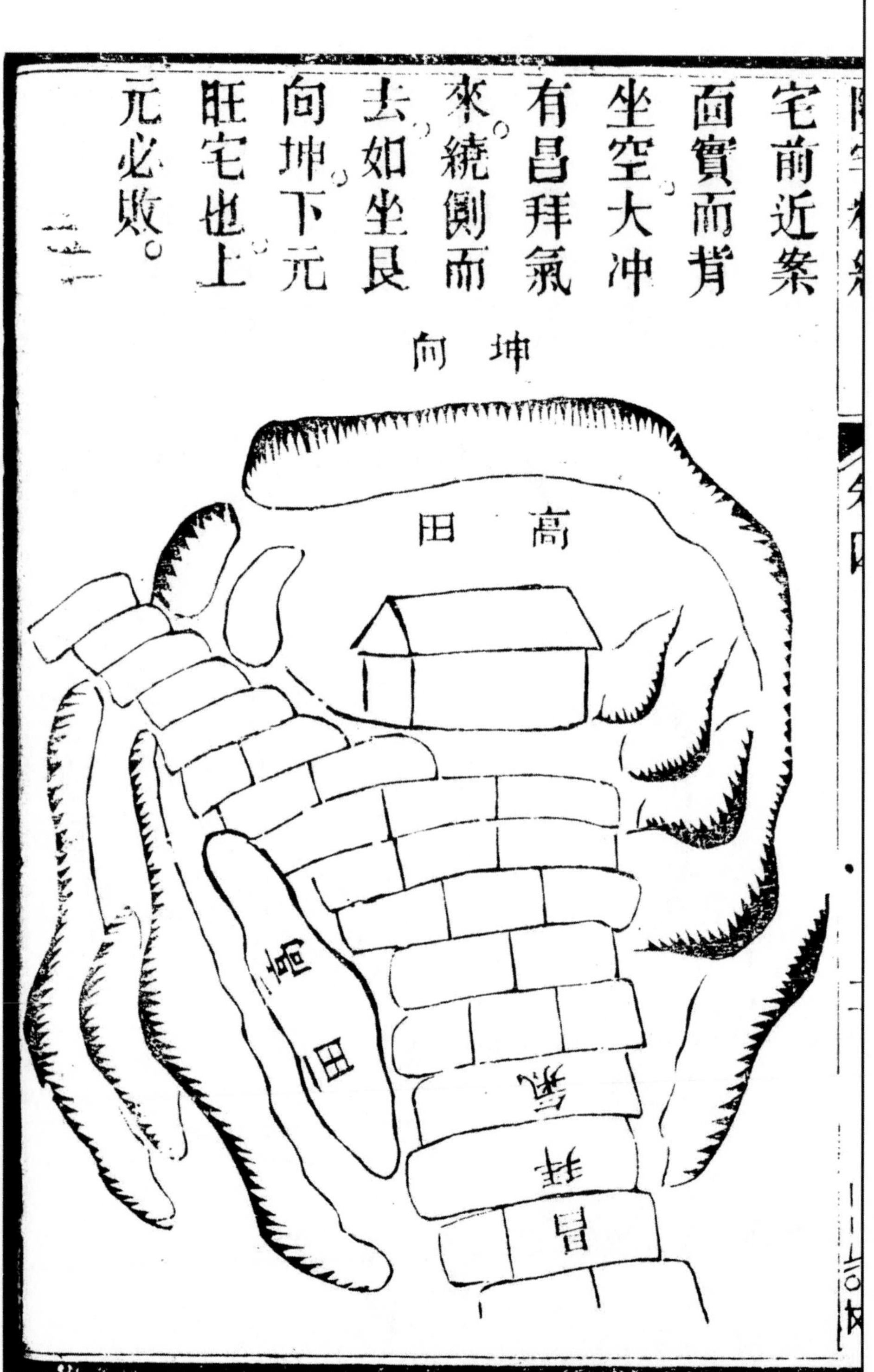
宅前近案面實而背坐空大冲。有昌拜氣來繞側而去。如坐艮向坤。下元旺宅也。上元必敗。

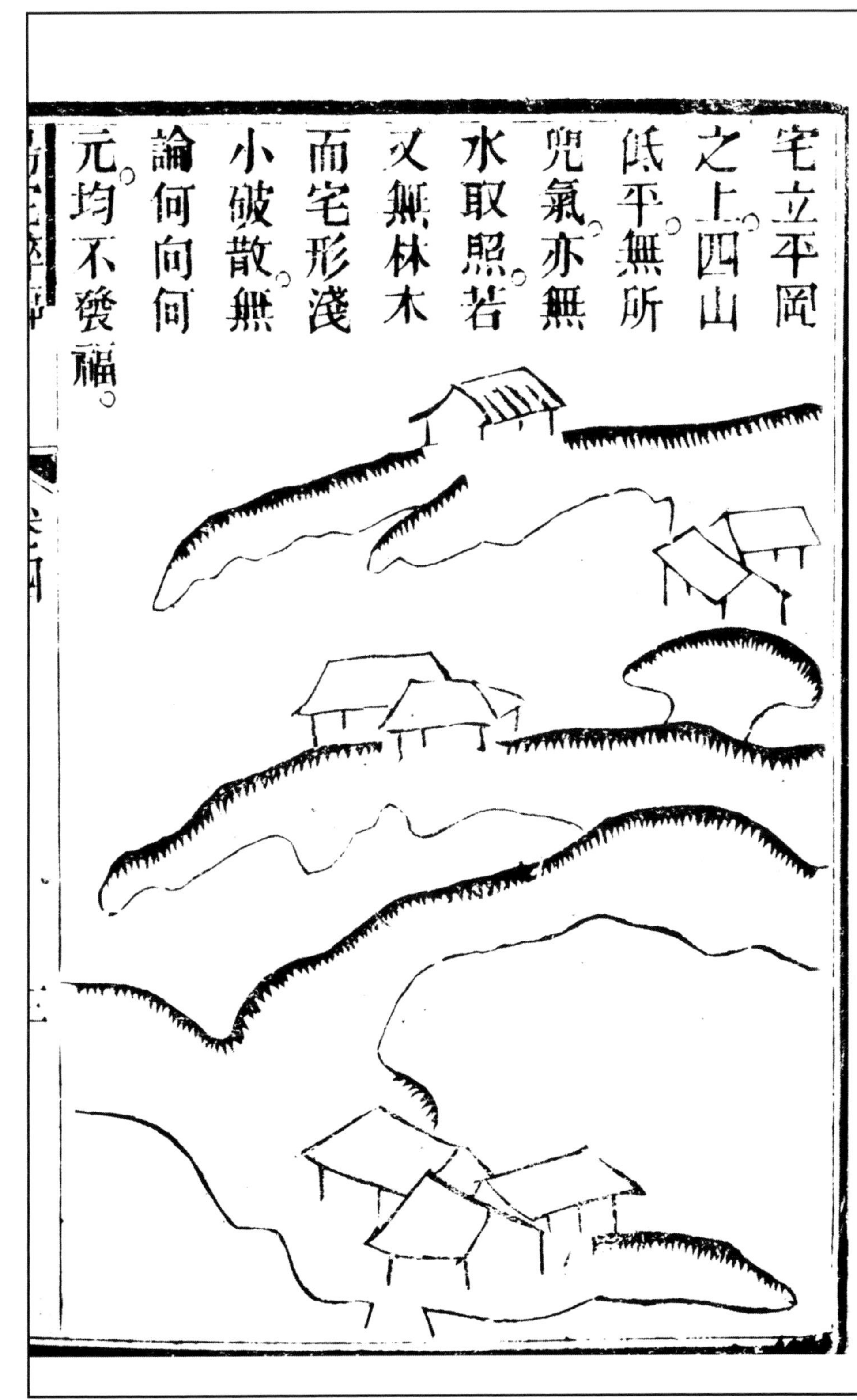

宅立平岡之上。四山低平無所兜氣。亦無水取照。若又無林木而宅形淺小破散。無論何向何元。均不發福。

依水立局法

離方大池上元發貴四運吉

一句子曰零正催照四字山水二龍俱有反覆總以河圖洛書一六共宗二七同道三八爲朋四九爲友爲主如此局係四九爲友也午水爲坎氣之正爲乾山之照爲巽氣之催爲離氣之零四字惟零水凶正催照水則吉然又爲七八之外零爲三四之外正吉凶迴異禍福已隔天淵而左未坤雜入右巽巳接連內中

更有大分大辨

元極按山取正神水取零神天玉諸書之捷訣也其實山水各有零正此專論水故以午水爲坎氣之正離氣之零而取正爲吉以零爲凶也午水爲巽氣之催取四九爲友爲乾山之照取九六合十五催水固吉矣而照水寧不犯元乎秘傳催照互易催論山而照論水如午水爲巽氣之照必午山乃爲乾氣之催是也細玩一句子於坎巽言氣而於乾獨言山亦似微露其機歟燕南趙唯晢陽宅眞機論催照亦未知此訣

離方曲水似蟠龍名曰上天龍一局大發四局發大貴

歌曰離方九曲似龍蟠此局先通列宿垣建宅三元無破損三槐九棘冠朝班

一勺子曰午水爲一局正水爲四局催水故四局發大貴一局丁貴齊發

元極按坎宅得離水九曲入堂形局最美一四大發宜也而於曲水之旁構造巽屋既失形局而據巽屋下羅針九曲水之方位又必變而不在離矣烏得同元並發此繪圖之誤也

歌曰離方湖蕩水汪洋。小水通流內氣藏。不特三元財祿盛。時拖紫綬列朝廊。

一勺子曰。近宅有小水入唇。遶宅有大湖水照。福力綿長官高祿厚。莫大美局。三元不敗。

元極　按內收小水。外收大湖。中必有沙洲界隔以成內外兩局小水易現光也。外水但取爲暗拱亦美。不必拘定現光。

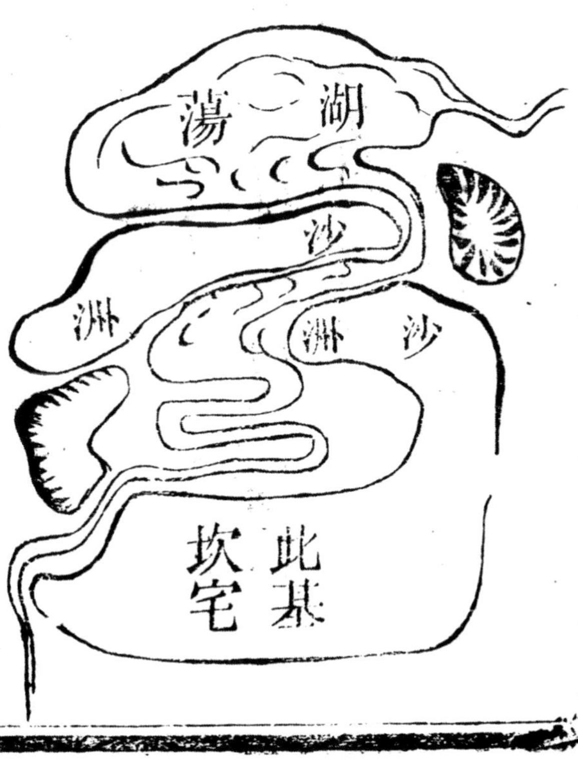

湖蕩

沙洲

沙洲

此基坎宅

此宅三元不敗。但任有前後左右之異。運逢上元任後屋。乾艮二漾主發大貴。運逢下元任前屋。午方設一照牆。將巽坤二方開明吉。

歌曰。長流大水灌離宮。小水連城瑞氣鍾。若見兜闌貴無敵。黃金百萬位三公。

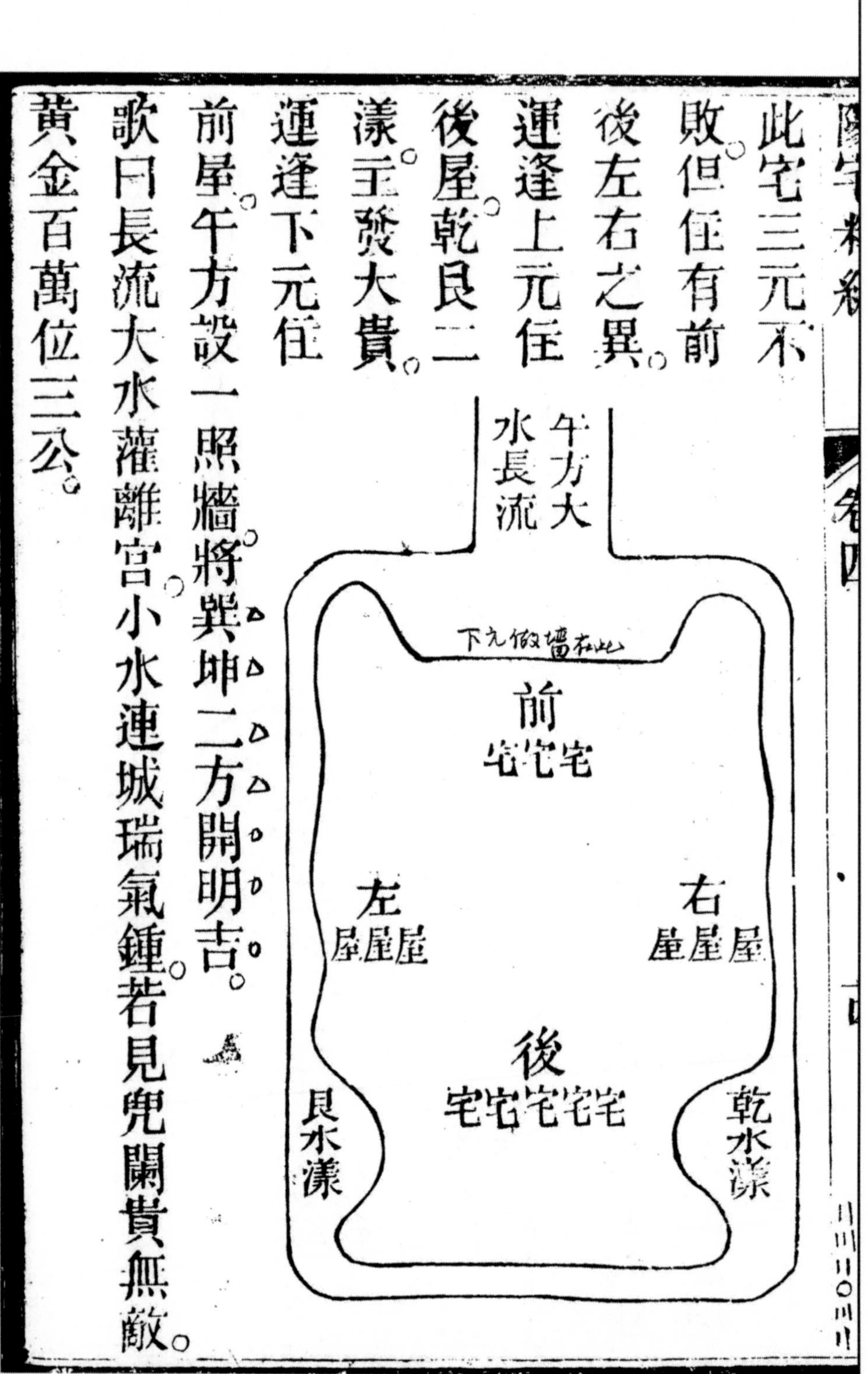

一句子曰午水長大下元設一照牆即作吉論可見作用之巧能奪天工

元極按離之左右巽坤也離水長大者上元必蔽塞左右獨現離光乃吉下元離水不吉則以照牆拒之使兩頭之巽坤開明而又吉也凡夾雜犯元之水俱仿此趨避

歌曰午丁之局兩邊通向水安居不怕沖
一到上元能薦貴餘年平穩不孤窮

一句子曰八方吉水離爲尊八卦吉氣坎方强此古來仙師建都立宅著書立說於坎離三致意焉

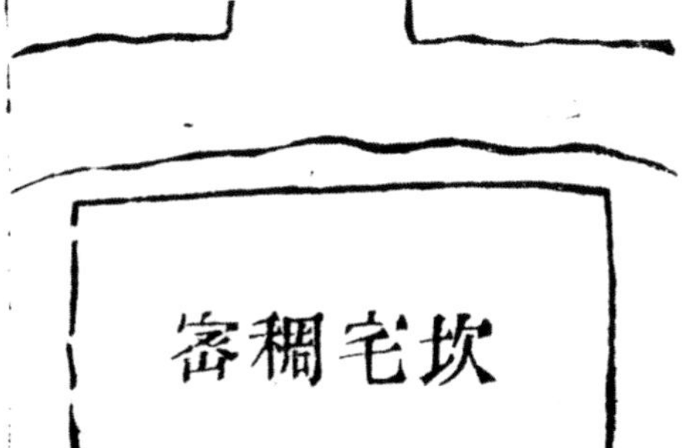

丁 午

長流

坎宅稱富

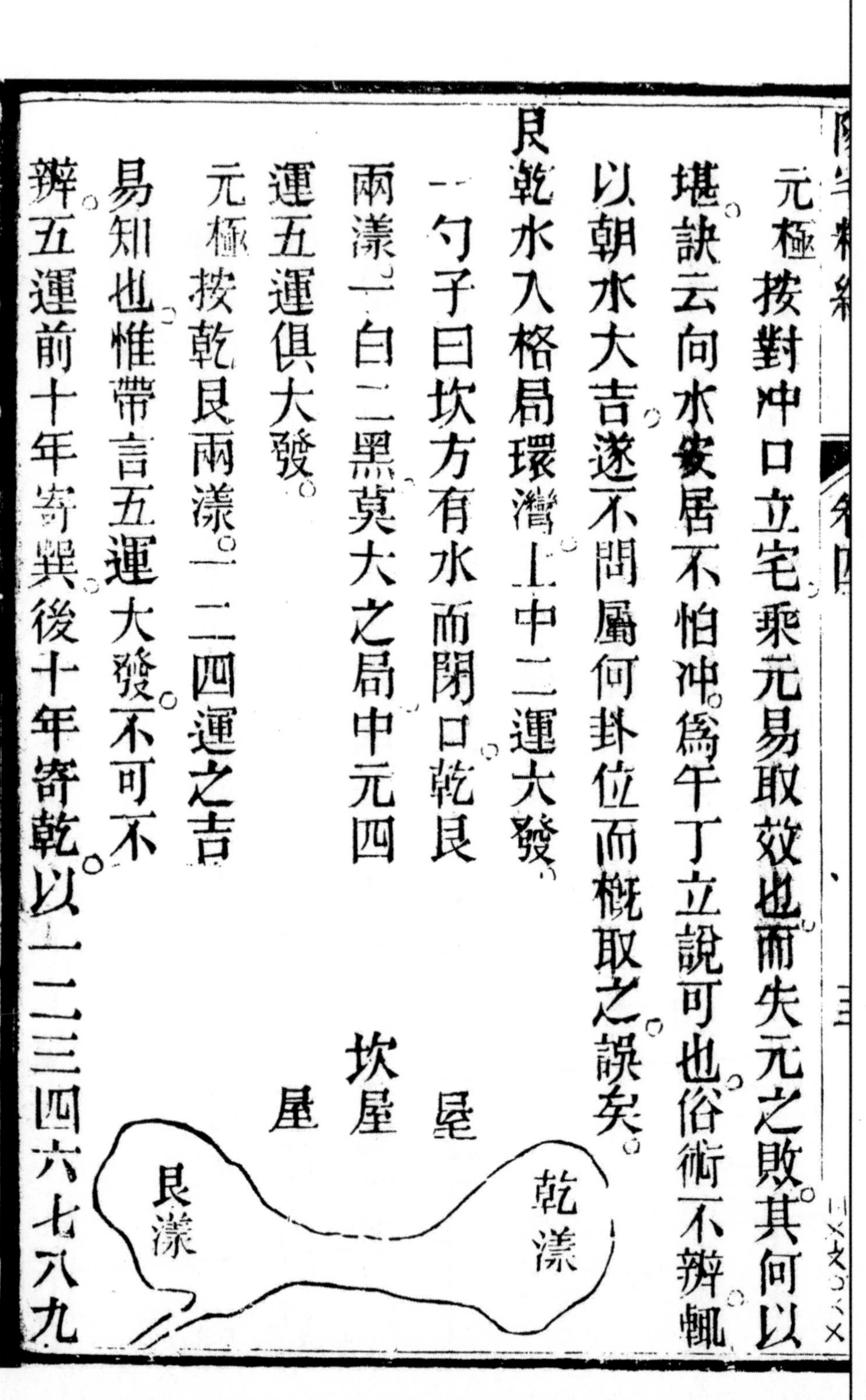


元極按對冲口立宅乘元易取效也而失元之敗其何以堪訣云向水安居不怕冲爲午丁立說可也俗術不辨輒以朝水大吉遂不問屬何卦位而槪取之誤矣

艮乾水入格局環灣上中二運大發

一勺子曰坎方有水而閉口乾艮兩漾一白二黑莫大之局中元四運五運俱大發

元極按乾艮兩漾一二四運之吉易知也惟帶言五運大發不可不辨五運前十年寄巽後十年寄乾以上一二三四六七八九

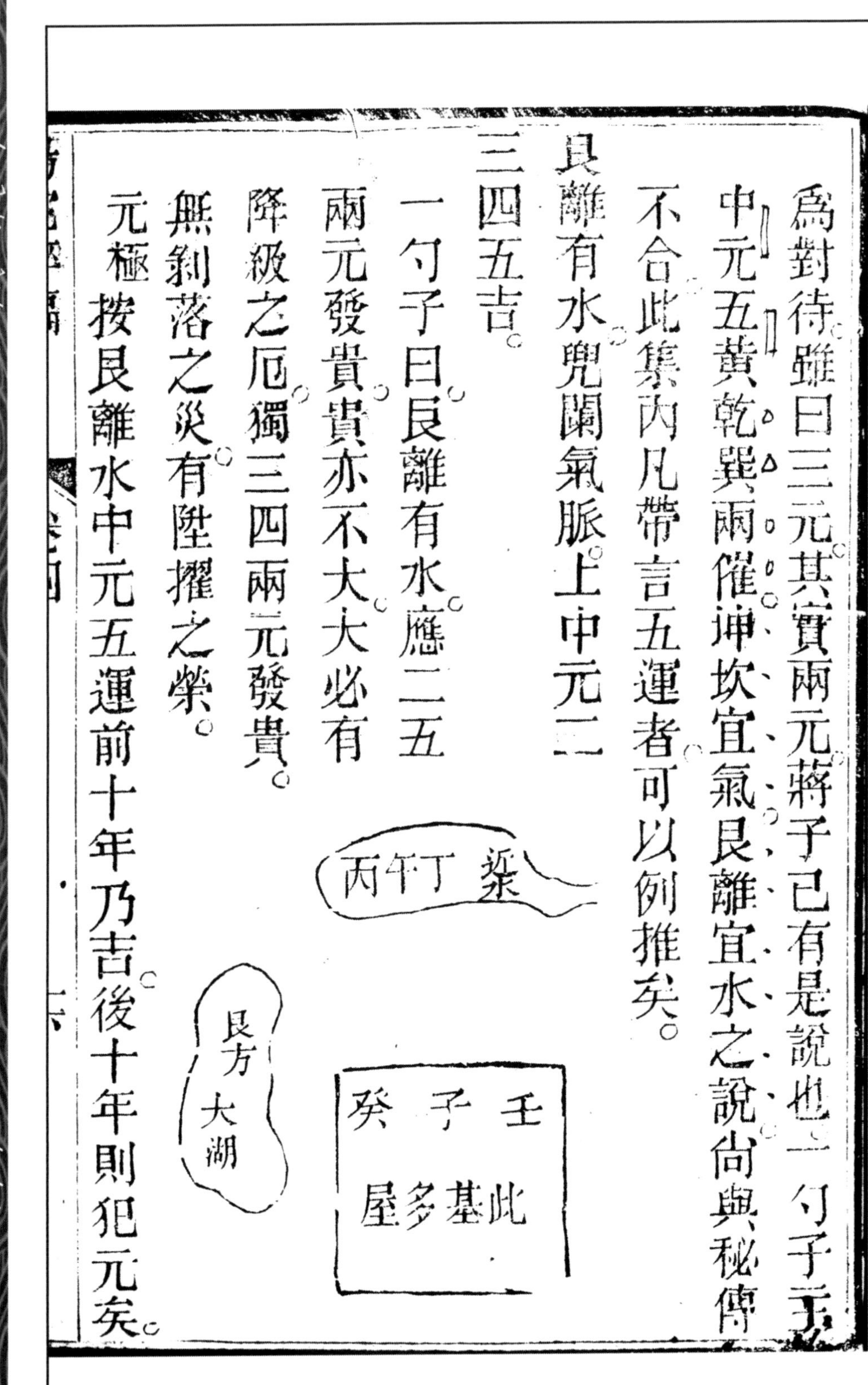

爲對待雖曰三元其實兩元蔣子已有是說也一勺子云中元五黃乾巽兩催坤坎宜氣艮離宜水之說尚與秘傳不合此集內凡帶言五運者可以例推矣

艮離有水兜闌氣脈上中元二三四五吉

一勺子曰艮離有水應二五兩元發貴貴亦不大大必有降級之厄獨三四兩元發貴無剝落之災有陞擢之榮

元極 按艮離水中元五運前十年乃吉後十年則犯元矣

坎宅艮方水池大灣環蓄聚抱身眞氣包藏可以經久二三局吉。歌曰只看東北水光浮宅有兜闌氣脈收遠曜近星皆翕聚上中年內樂優游。

一勺子曰坎宅艮水應於一運發大財二運發大丁三運發大貴。

元極 按艮水浮光只應二三局吉也歌曰上中年內樂優游係主中元取艮離水一說與秘傳不合。

大湖收任眞氣可以長久。

一勺子曰此必上元之局要長久宜隨運更改方准

元極按艮乾兌水皆上元局也一勺子以爲要長久宜隨運更改所謂更改者亦不過於應開應閉之閒加之意焉耳生成水路恭未易更改也。

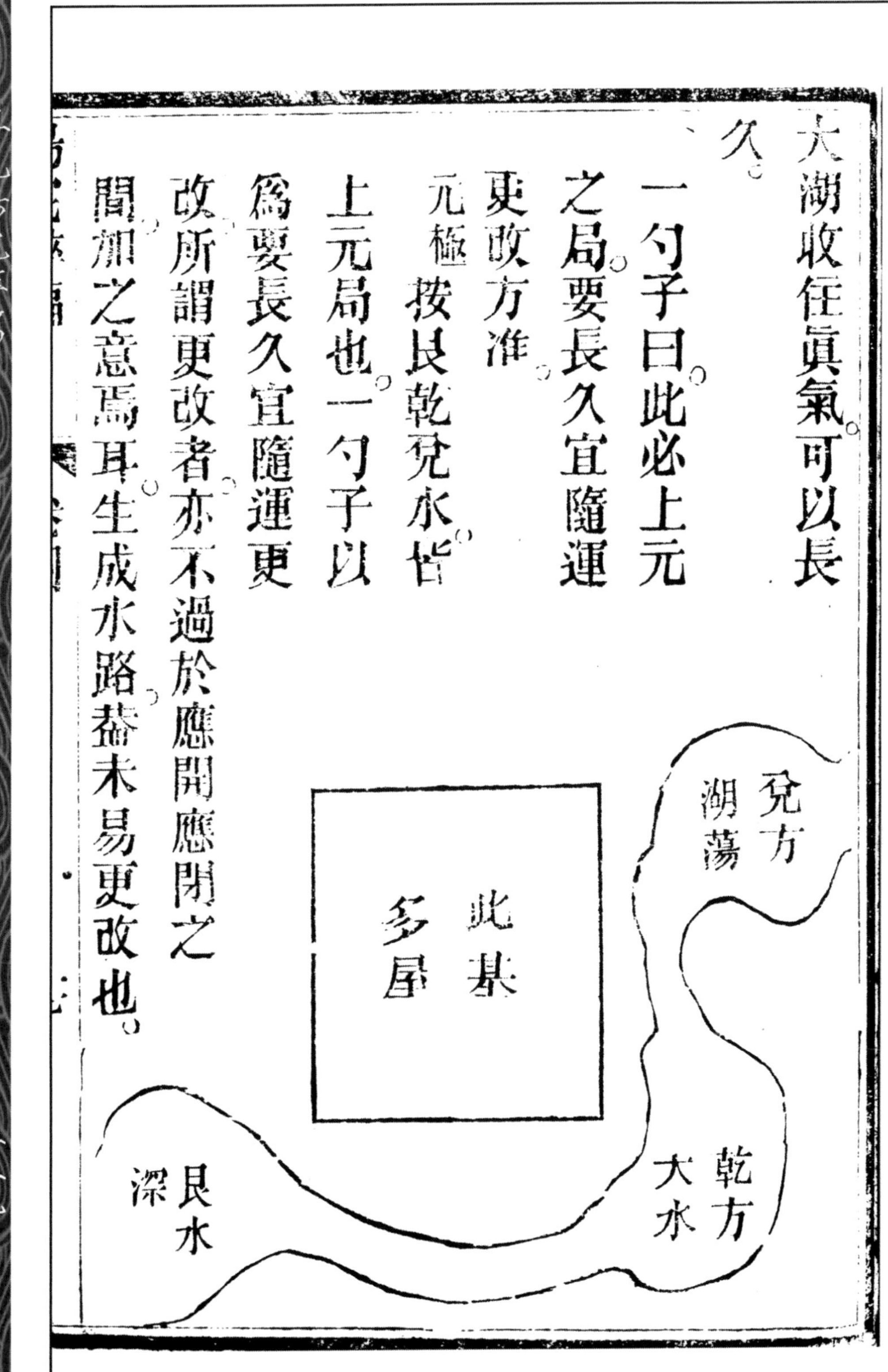

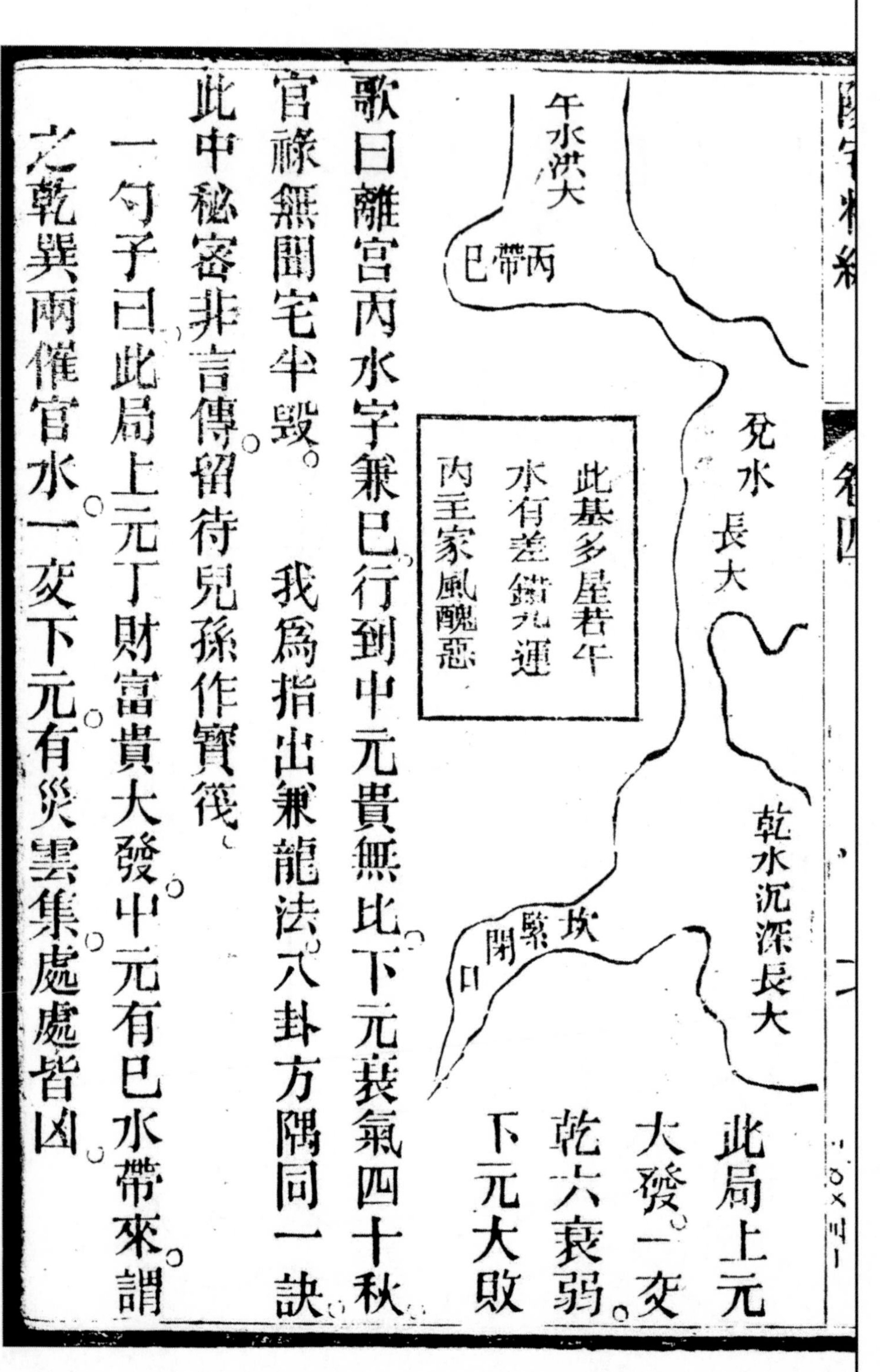




歌曰離宮丙水字兼巳。行到中元貴無比。下元衰氣四十秋。官祿無聞宅半毀。我爲指出兼龍法。八卦方隅同一訣。此中秘密非言傳。留待兒孫作寶筏。

一句子曰此局上元丁財富貴大發。中元有巳水帶來謂之乾巽兩催官水。一交下元有災曇集。處處皆凶元極按午乾兌水皆上元水也故一二三大發中元四運之發特以乾水發也丙水兼巳中元五黃之後十年尚可倚巳爲救而在上元之一中元之四巳水又未嘗不爲病云所謂八卦兼龍法舉此爲例而他局皆可知也二句予壬五黃乾巽兩備故立說微異。

兌方大湖二層久遠大發直至下元七赤敗。

歌曰重蕩重湖兌卦邊隨方立宅蔭多年豐亨豫泰誇家世直到三元七赤天。

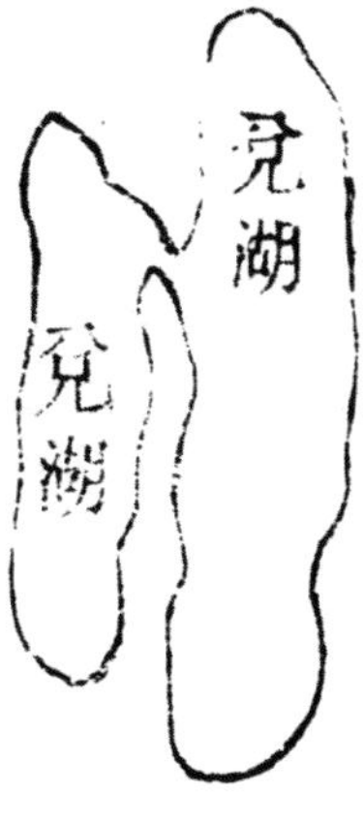

兌湖

兌湖

此基坎宅
朝南多屋
俱近兌湖

一勺子曰。大湖者大物也。大山亦大物也能用大山能用大湖俱皆大發且長久此水能山能截然二途不相侔而實相合者也其至訣則二者全然不同惟得口訣方有真的。

元極 按坎宅收兌方大湖以運而論不過上元大發之局耳。謂久遠直至下元七赤始敗者非。

屋後丑艮寅方大湖取居中營宅。收兩位旺神上元大發。

歌曰。羅經或見四隅形。坐後淵源丑艮寅。要取居中營宅吉。兩元旺

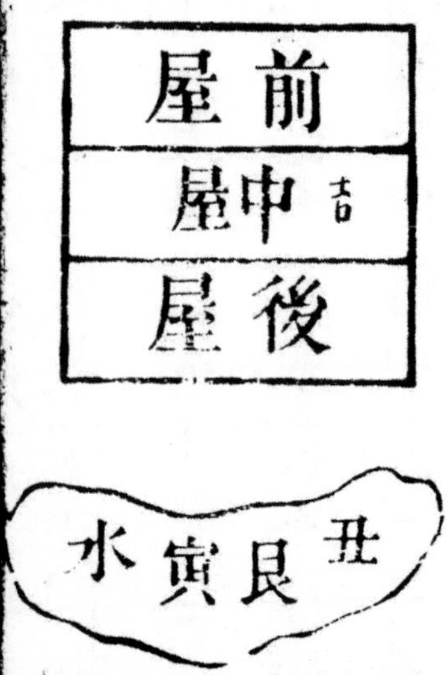

| 前屋 |
| --- |
| 中屋 吉 |
| 後屋 |

丑艮寅水

氣產羣英。

一勺子曰：兩位旺神者，後能收水，前能收氣；前屋不能收水，後屋不能收氣，所以居中者得兼。

元極按：兩位旺神之局，謂本有一氣一水前後雙收之勢，而失之前者，則收氣不能收水；失之後者，又收水不能收氣。必於形局適中處作屋，以奪氣水雙收之造化也。若前已有屋而杜塞氣口，後已有屋而掩蔽水光，猶曰我居中，是氣水兼收，彼前後之居皆不我若也，如一勺子所說，有是理乎。

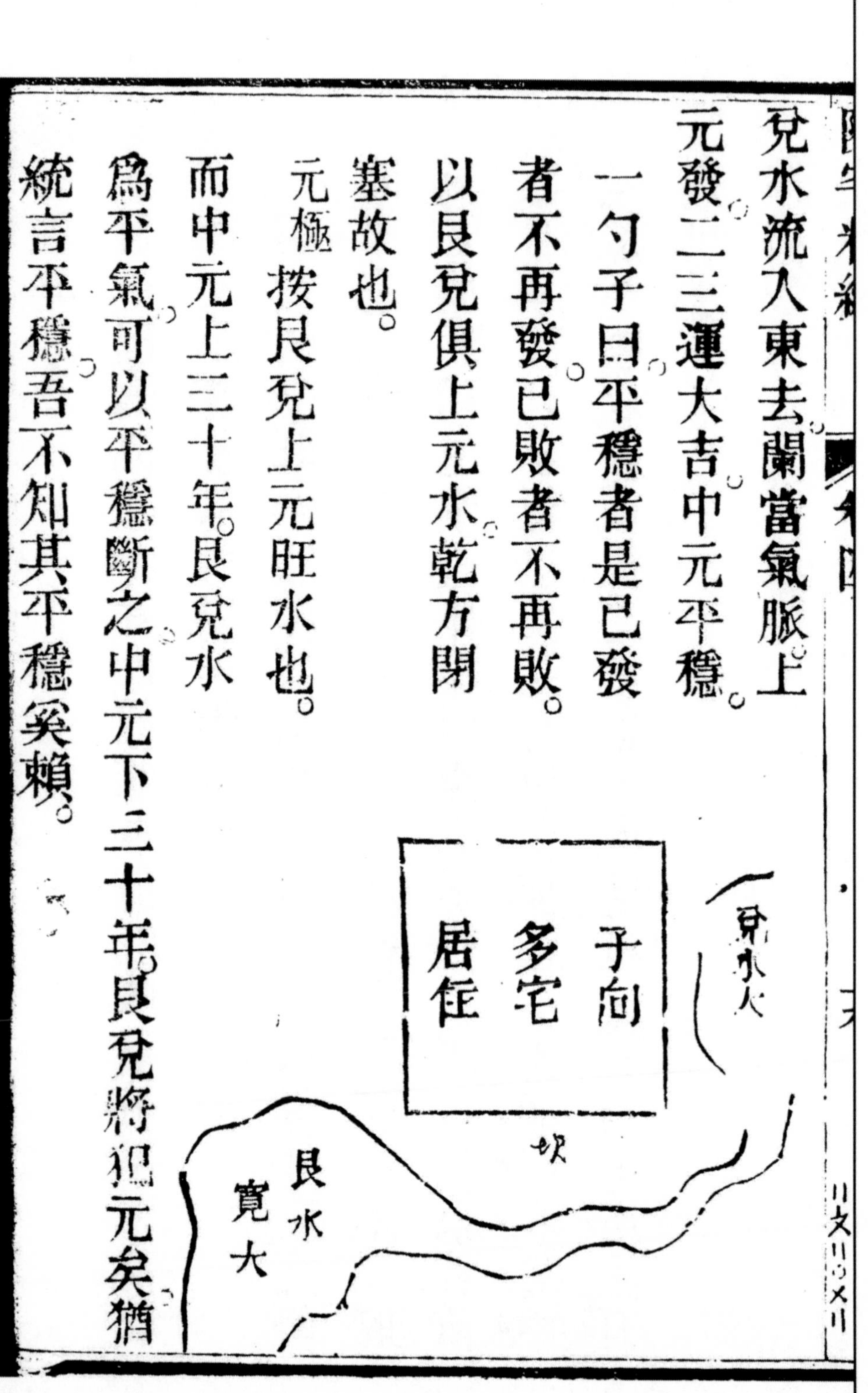



兌水流入東去闌當氣脈上元發二三運大吉中元平穩一句予曰平穩者是已發者不再發已敗者不再敗以艮兌俱上元水乾方閉塞故也

元極　按艮兌上元旺水也而中元上三十年艮兌水為平氣可以平穩斷之中元下三十年艮兌將犯元矣猶統言平穩吾不知其平穩奚賴

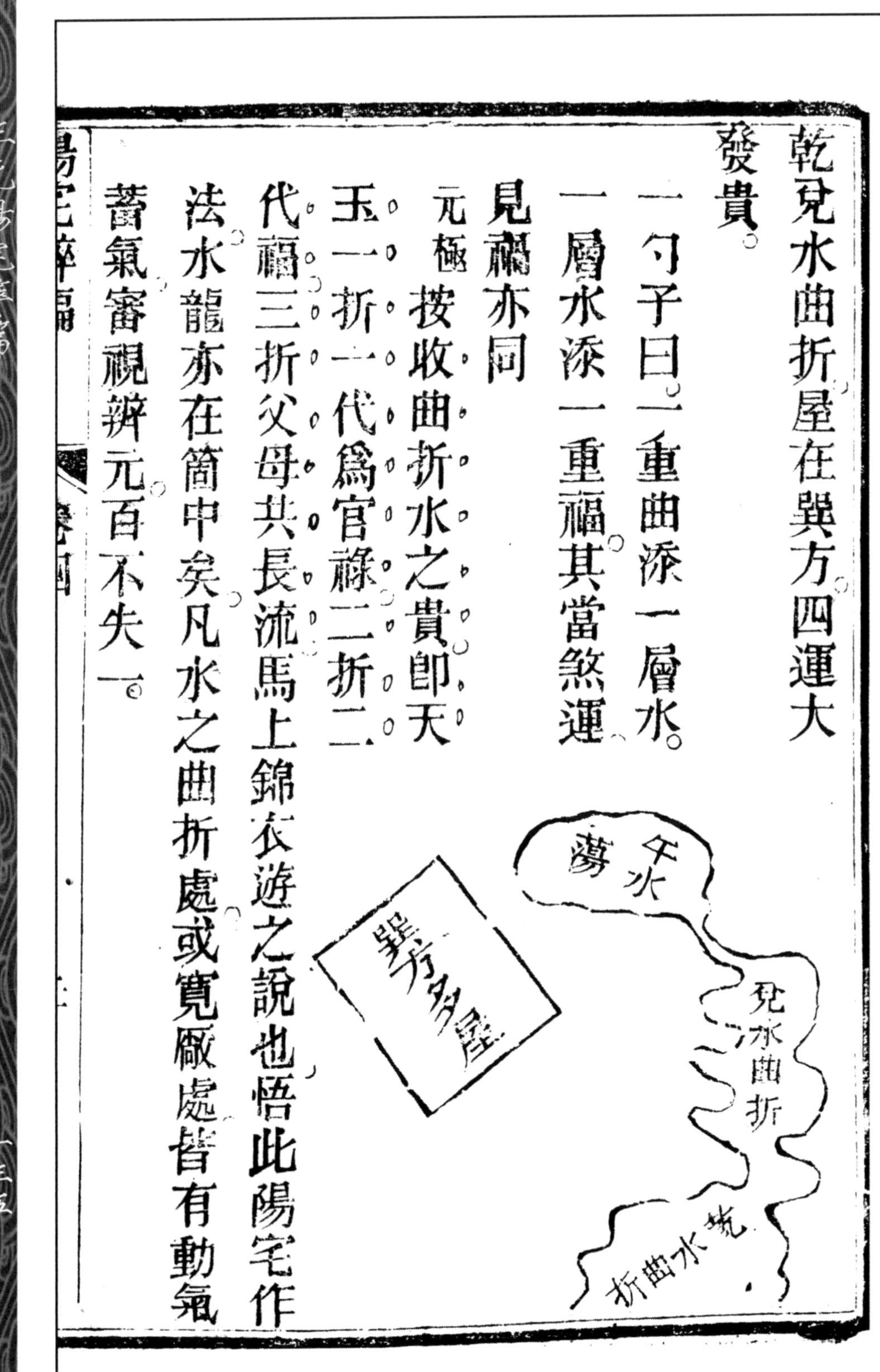
乾兌水曲折屋在巽方四運大發貴。一寸子曰一重曲添一層水。一層水添一重福其當煞運見禍亦同

元極按收曲折水之貴即天玉一折一代為官祿二折二代福三折父母共長流馬上錦衣遊之說也悟此陽宅作法水龍亦在箇中矣凡水之曲折處或寬敞處皆有動氣蓄氣審視辨元百不失一

歌曰乾宮曲水四宮星八十年中亭大名。若曉中元安宅吉黑頭相公秉鈞衡。

一勺子曰乾氣該發八十年乾水亦該發八十年氣在中元正合法內中五黃後該十年乾六正運二十年七兌輔運二十年八艮爲乾後天二十年九離是乾先天二十年合之一連能發九十年云八十年蓋以前十年方發大名未顯也水在上元一二三四五運亦能發九十年是乾宮之長而且久如此

此基離宅

元極按一勺子論乾氣該發八十年一條失之鑿矣當以三元分爲兩元上四運一二三四宜山六七八九卽宜水

下四運六七八九宜山一二三四即宜水山水對待上下各管九十年此自然之數也。

四運大吉九亦大吉。

歌曰四隅方位有湖池或在胸前或背之但合中元真生氣朝歌暮舞樂清時。

一句子曰四運乾水正吉九亦大吉。以乾爲九之照水一六共宗四九爲友內流外流是也今人反以九運乾水爲犯元謬矣。

元極 按九運乾水實爲犯元不吉乾水九運之催煞也必乾氣於九運乃吉。一句子泥於一六四九內流外流之說

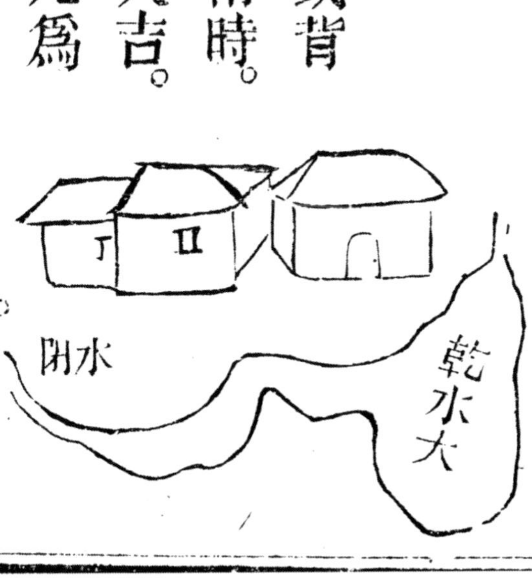

强執犯元自鳴得訣。葢未深悉上下四運之截然兩局也。

此局中元六運發大貴

一勺子曰。乾閉巽開。此局易看。然要四圍圜繞之水不現光為準。稍有一處現光。即以現光處為斷。

元極按此五數中黃水四環。為乾閉巽開。後一圖為乾巽兩開。均主中五以乾巽兩催立說也。又浮牌土一圖指為中元吉局。亦同一例。

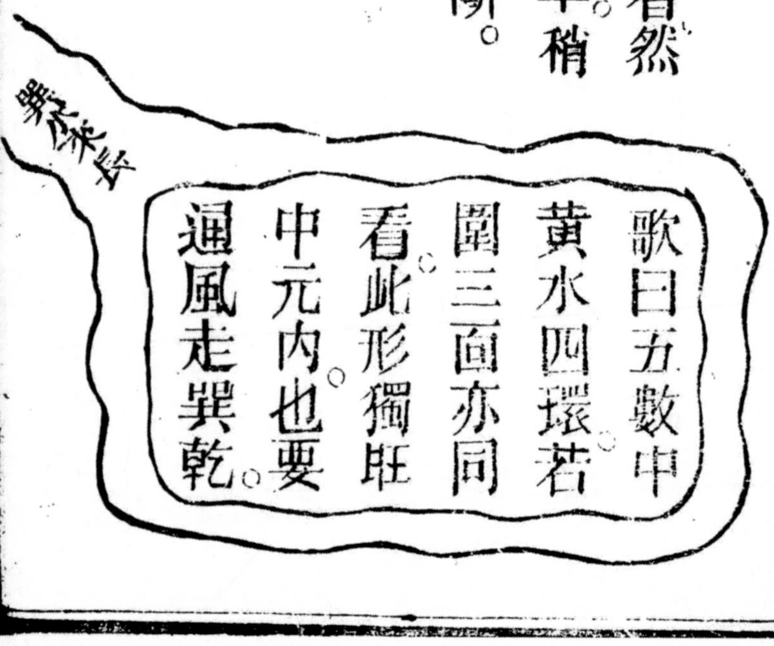

歌曰五數中
黃水四環若
圍三面亦同
看此形獨旺
中元內也要
通風走巽乾

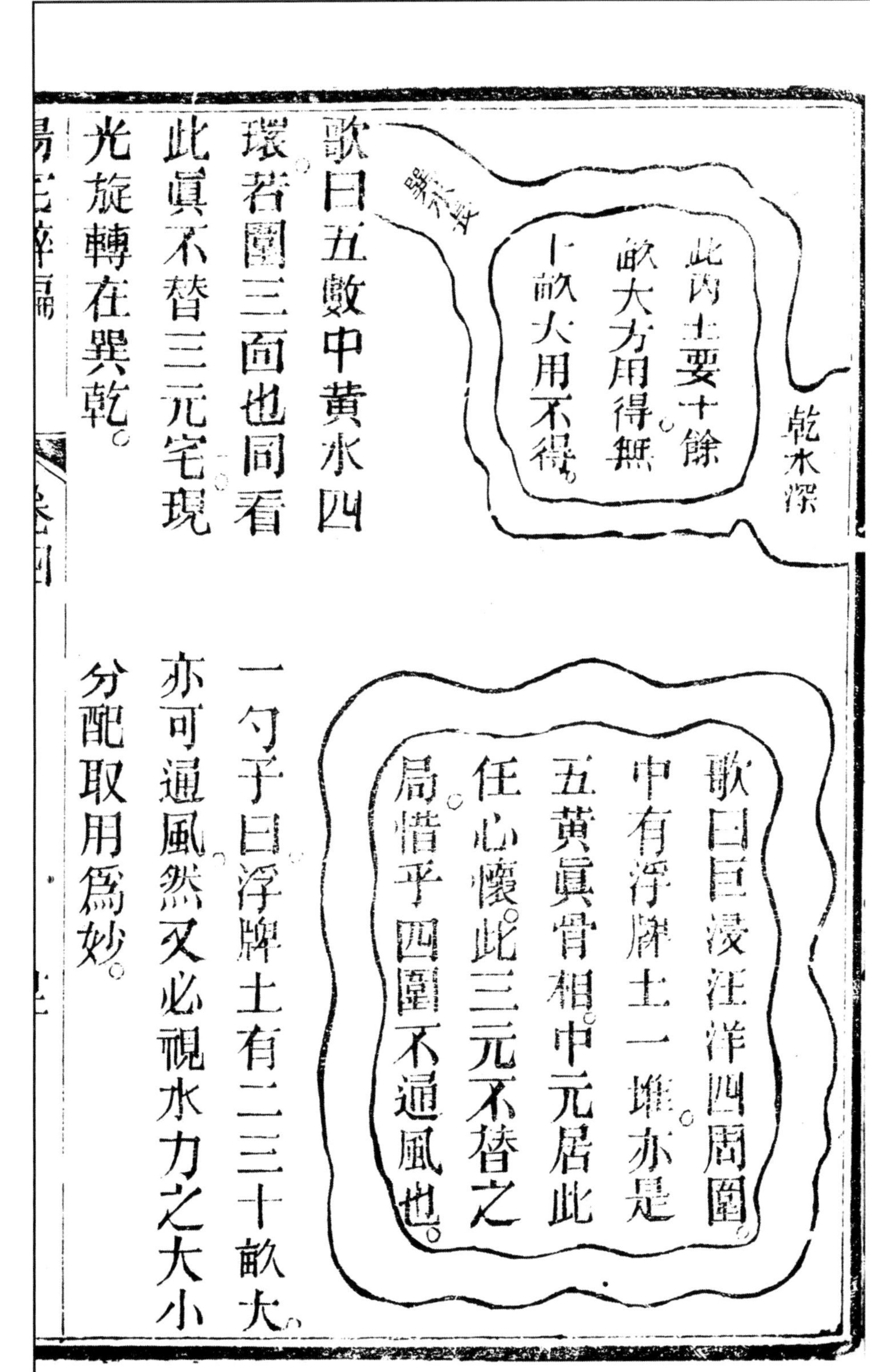


歌曰巨浸汪洋四周圍。中有浮牌土一堆。亦是五黃眞骨相。中元居此任心懷。此三元不替之局惜乎四圍不通風也。

歌曰五數中黃水四環。若圍三面也同看。此眞不替三元宅。現光旋轉在巽乾。

一勺子曰浮牌土有二三十畝大。亦可通風然又必視水力之大小分配取用爲妙。

陽宅萃篇　卷四

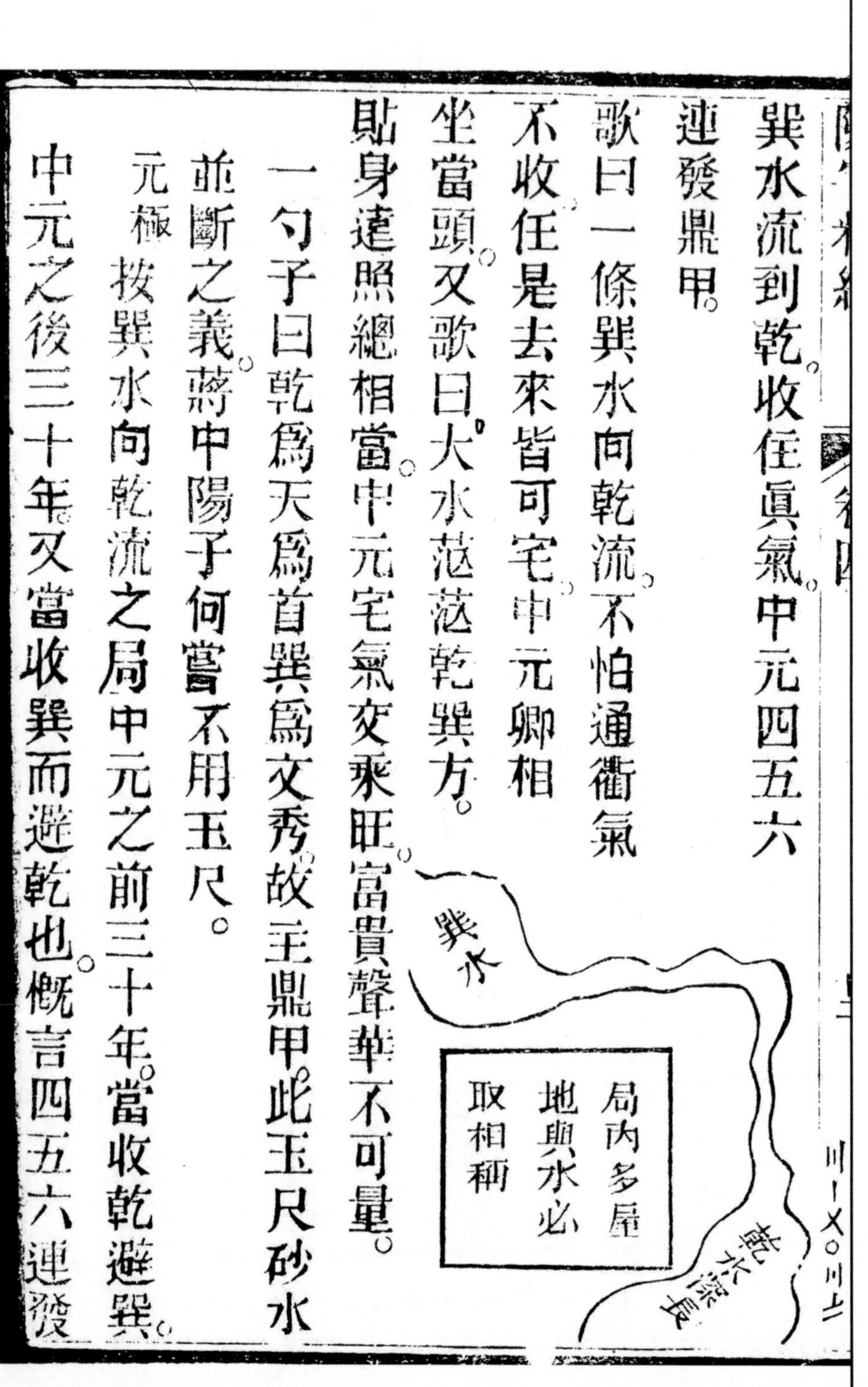

巽水流到乾收住眞氣中元四五六連發鼎甲。

歌曰一條巽水向乾流不怕通衝氣不收住是去來皆可宅中元卿相坐當頭。又歌曰大水滋滋乾巽方貼身遶照總相當中元宅氣交乘旺富貴聲華不可量。

一勺子曰乾爲天爲首巽爲文秀故主鼎甲此玉尺砂水並斷之義蔣中陽子何嘗不用玉尺。

元極 按巽水向乾流之局中元之前三十年當收乾避巽中元之後三十年又當收巽而避乾也概言四五六運發

兼甲而又局內多屋此多屋之中必收乾收巽之不一也始有此驗。

四圍之地有湖在巽乾合得中元旺神兩催水三元不替。但任房有前後之異。

巽方大湖

| 前屋 |
| --- |
| 中屋 |
| 後屋 |

乾方大湖

一勺子曰任前房中六發任後房中四發任中房五黃發。湖大則發亦大水小則發亦小理氣依形勢為斷

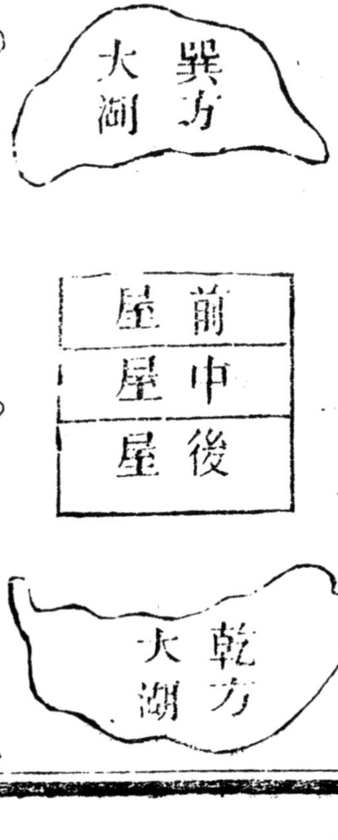

元極按中元旺神兩催之局任前收巽水六發任後收乾水四發是一勺子亦未嘗不以乾巽為兩局也惟執居中者主五黃二十年內大發為乾巽兩催與五黃分寄乾巽

之說有別至謂三元不替亦必以巽主上四運乾主下四運概論之也。

乾巽大水一遠一近中元大發

一句子曰乾巽兩水見乃中元五黃莫大之局然在上元一運亦不小

元極 按乾巽兩水一遠照一貼身亦四六分收之局也上元一運六水貼身固佳而四水之遠照寧無損乎一句子指爲中元五黃莫大之局又

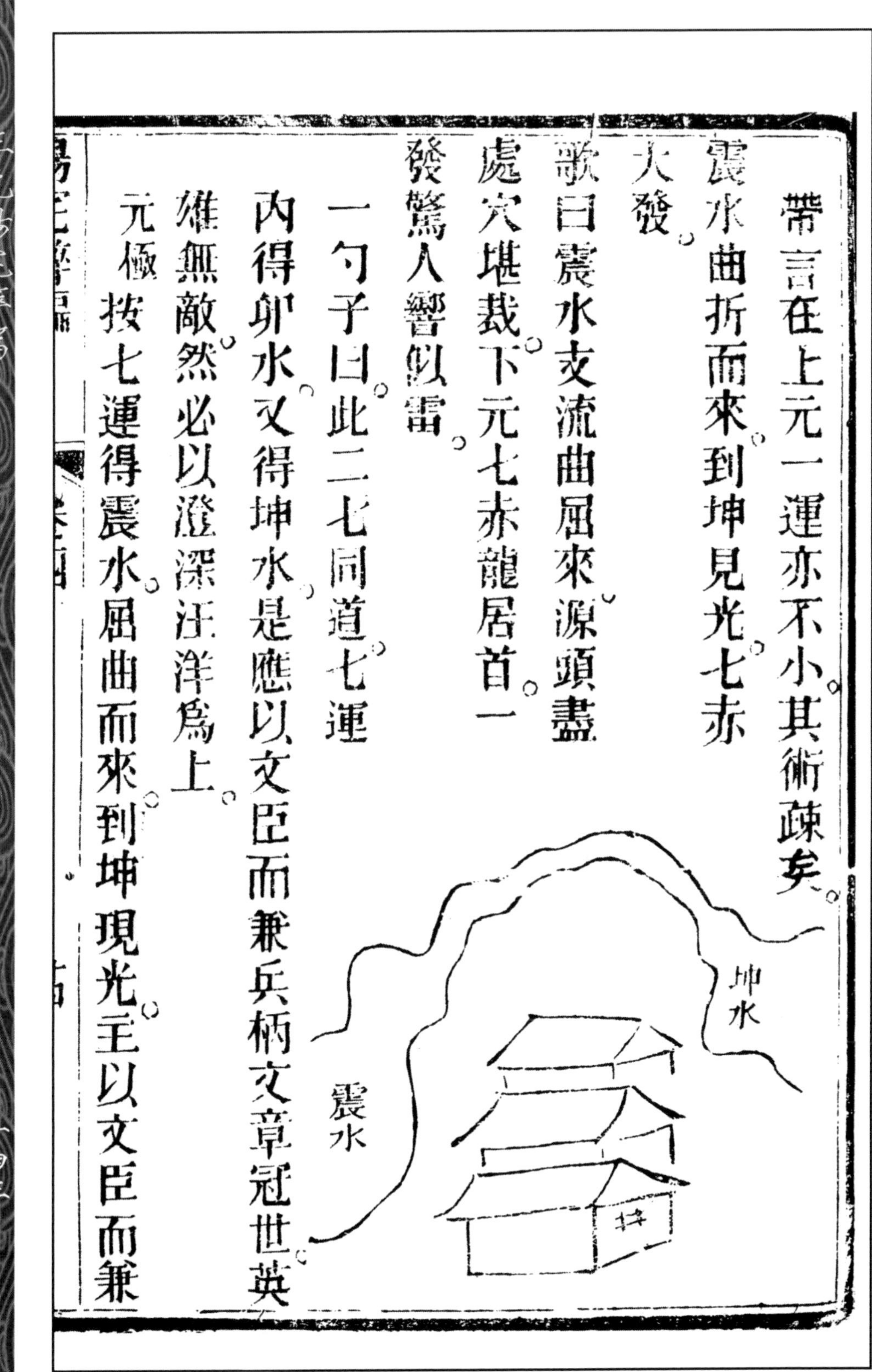


帶言在上元一運亦不小其術疎矣。

震水曲折而來到坤見光七赤大發。

歌曰震水支流曲屈來源頭盡處穴堪裁下元七赤龍居首一發驚人響似雷。

一句子曰此二七同道七運內得卯水又得坤水是應以文臣而兼兵柄文章冠世英雄無敵然必以澄深汪洋爲上元極

按七運得震水屈曲而來到坤現光主以文臣而兼

兵柄者以震於九星爲祿存祿是帝車第三星也壬爲文也壬兵且坤爲元戈故有是應也

下元發大富貴

歌曰一條西水向東流小水關當氣脈收當許下元還晝錦中元無咎福悠悠

一勺子曰此有正水無催水發富發貴却難催官然正神力大豬蓄沉凝灣曲環抱局大者則官亦大又不可拘

震蕩大水曲折現兑

元極按一條西水何東流西閉而東蕩大曲折現光此只下元旺局也歌有中元無咎福悠悠之句殊未妥協。坤水入艮宅邊繞抱雖未交流一二三四五大吉。一勺子曰二吉者以坎閉乾催也二三俱吉者艮深也四吉者乾正也。五亦以乾水故也此水龍一定之法但二運中有坤水遠照未免有損。

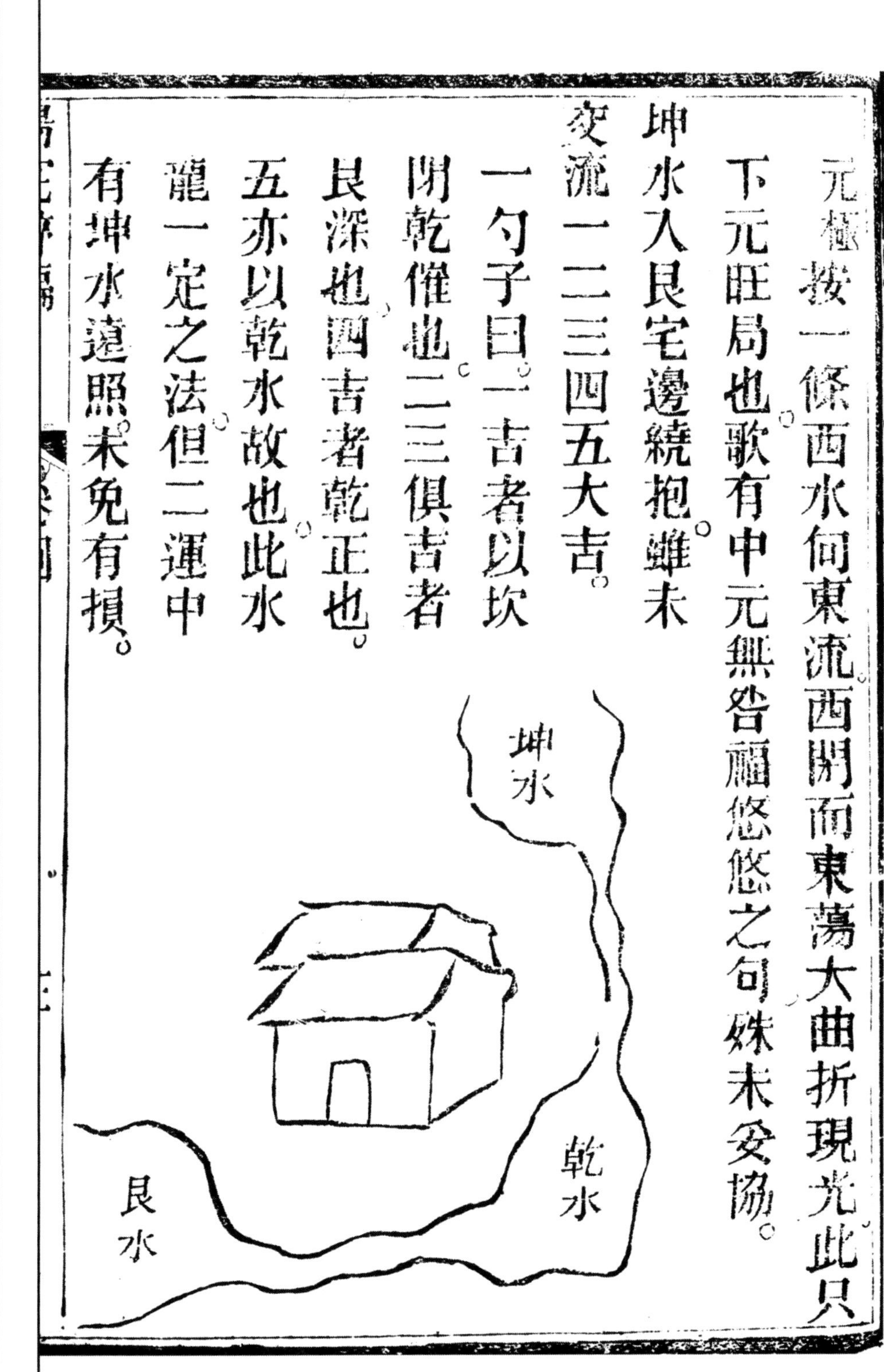

元極 按五運分寄乾巽前十年取乾水爲正同於四運之取乾水也後十年必取巽水爲正。一句子所言五運亦以乾故也。係執中五不寄。取乾巽兩催立說與秘傳不合。

元極 按坎水大蕩。卯巽水曲折。立宅以攝其秀。中元六運巽正坎催。下元九運坎正巽催。均主大發富貴七八

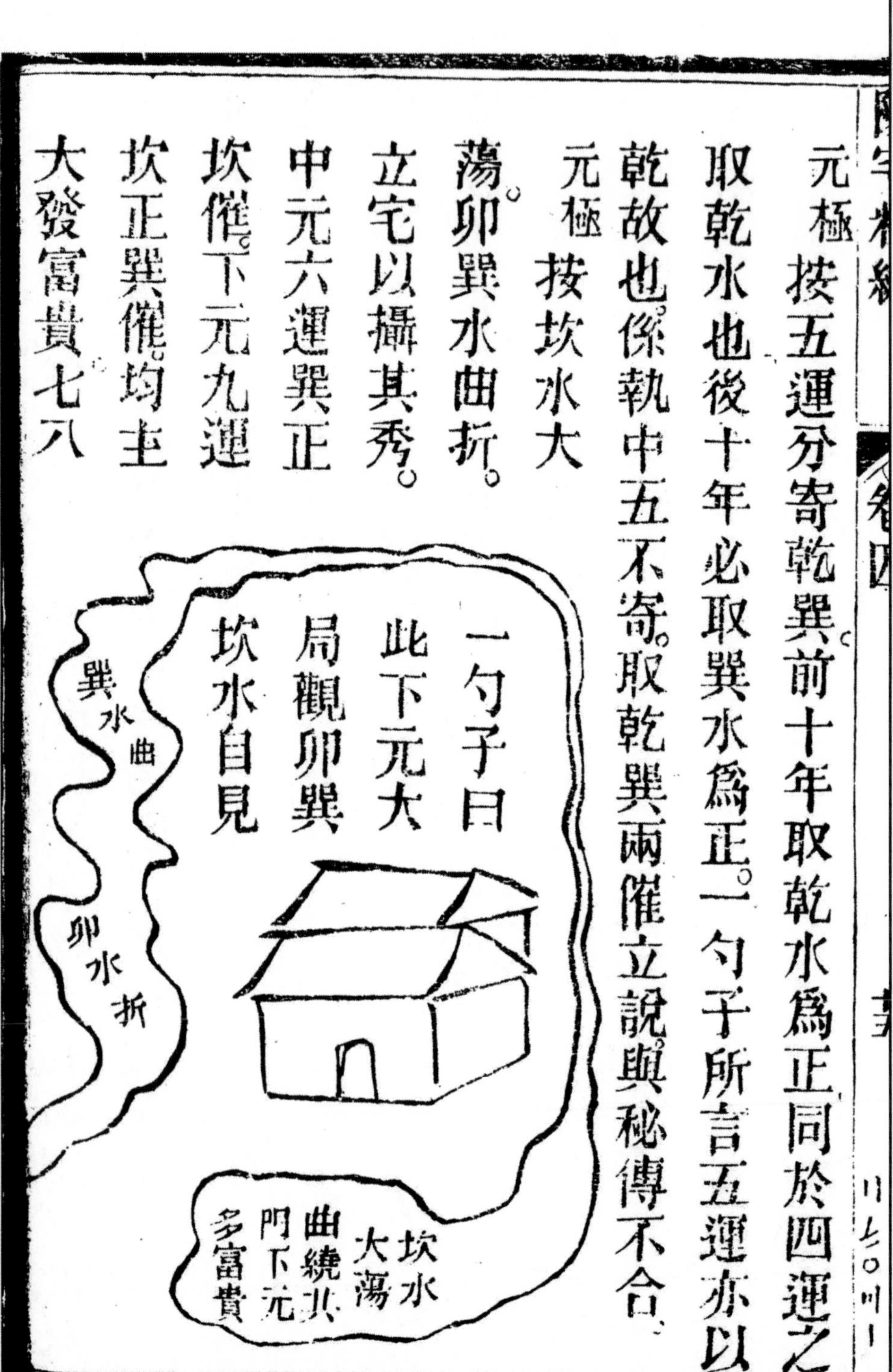
一勺子曰
此下元大
局觀卯巽
坎水自見
巽水曲
卯水折
坎水
大蕩
曲繞其
門下元
多富貴

運次之。一勺子謂爲下元大局。觀卯巽坎。亦自見而不言

及中元。亦似以六七八九可概爲下元也。

歌曰。二水離方入坎宮。盡頭一

宅乘其中。雙龍氣脈來相會。宅

坐三元貴不窮。

一勺子曰。九運更高。以輔弼

兩星得力。兼收雙龍之吉。

元極　挨二水離方入坎。而在

左者變巽。在右者變坤。爲下

元六九七八之局。此必立宅

午水在右
變坤八
好七亦
好
午水在左
變巽六
好九亦
好

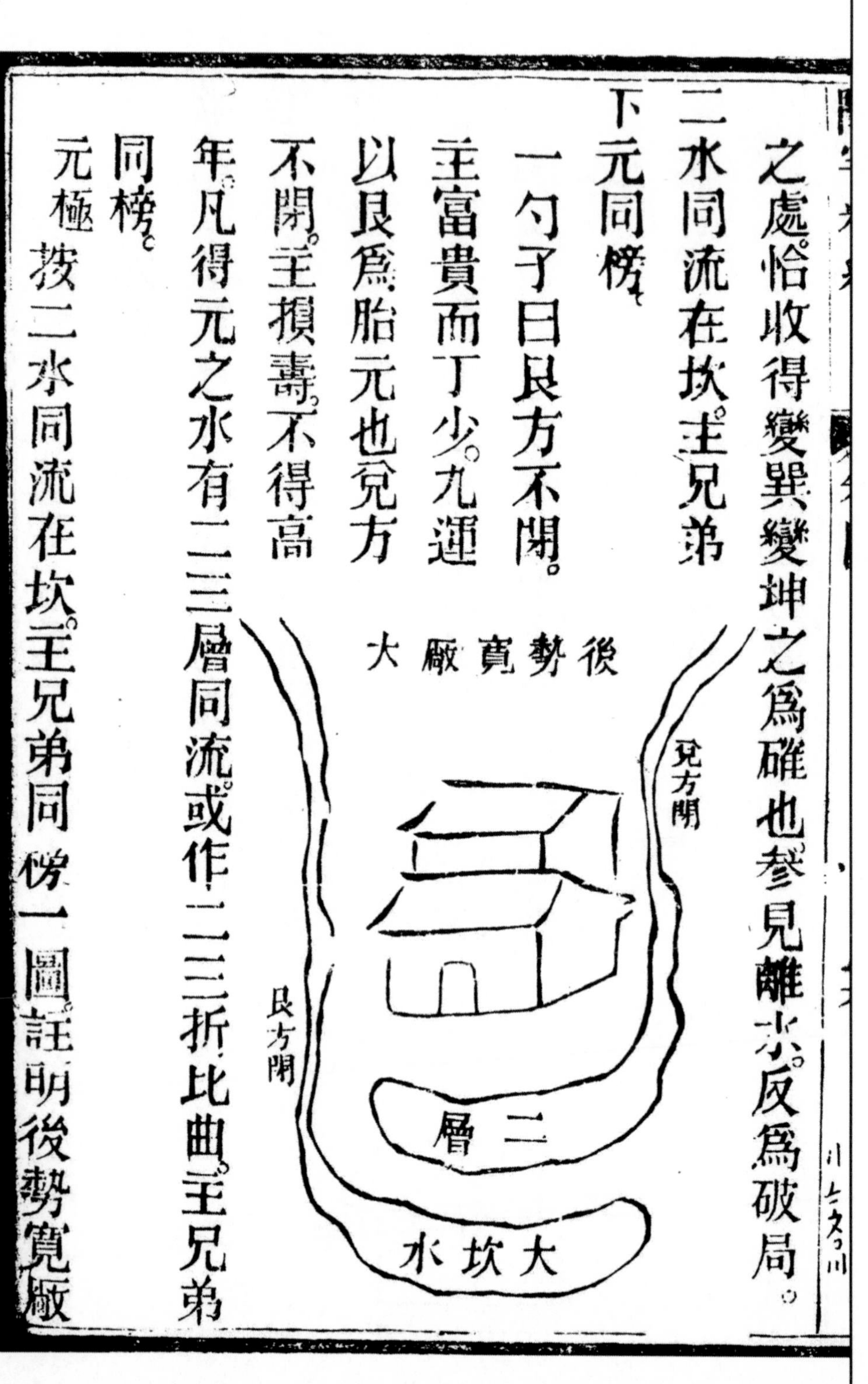

之處恰收得變巽變坤之爲確也參見離水反爲破局。
二水同流在坎主兄弟
下元同榜
一勺子曰艮方不閉。
主富貴而丁少。九運
以艮爲胎元也兌方
不閉。主損壽。不得高
年。凡得元之水有二三層同流。或作二三折。比曲。主兄弟
同榜。
元極　按二水同流在坎。主兄弟同榜一圖。註明後勢寬廠

大則前宮兩水同流到坎并可兜回後宮之離氣也此氣水雙收之局九運大發富貴不專出於一水同流此局坎離相交三元不替主父子兄弟同榜

一句子曰此天地風雷主者父與長子同榜但水光勢大有力基地寬敞房屋宜高大以收之或依水朝元亦是一訣

元極　按坎坤下元水也艮

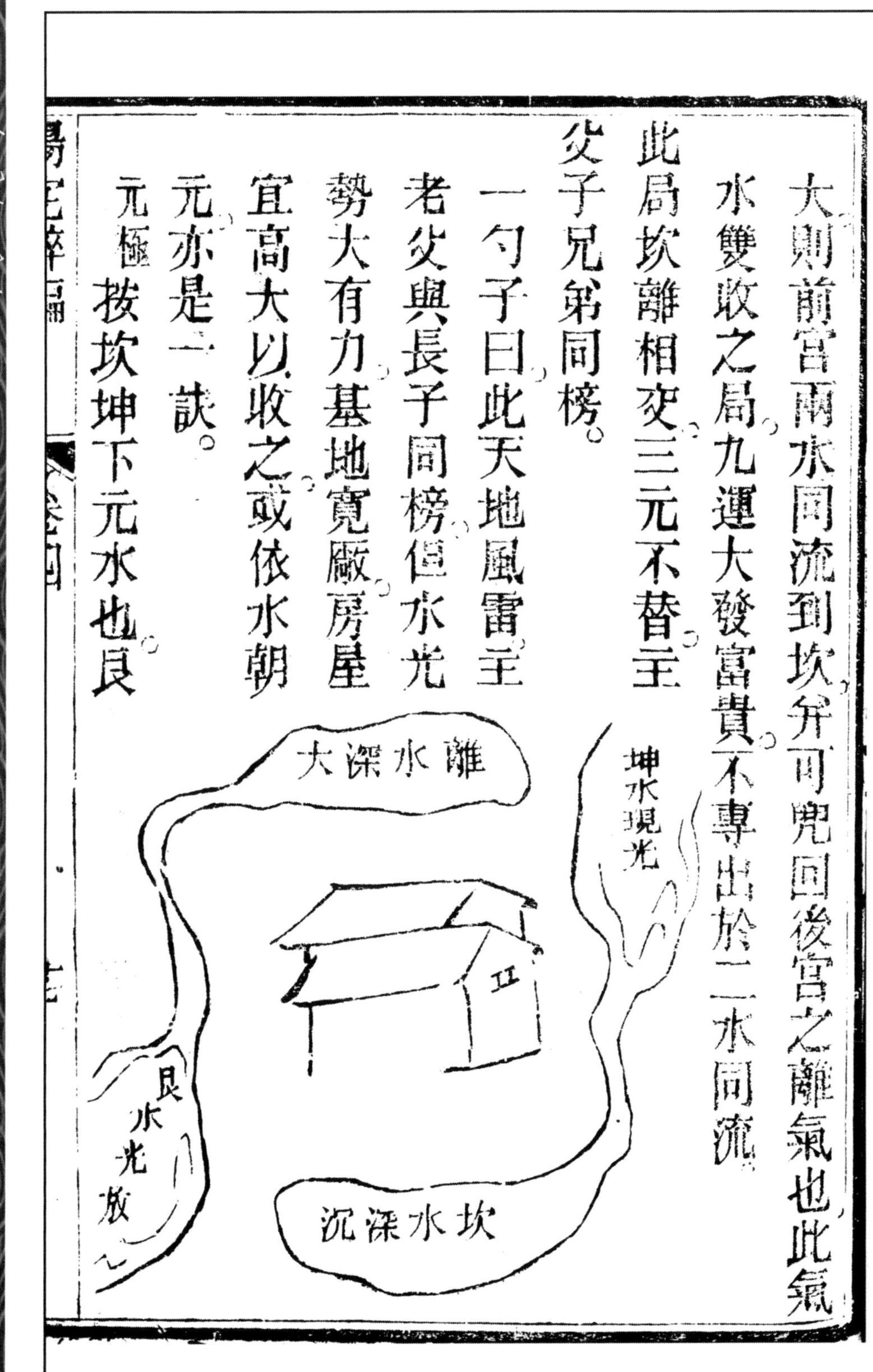

離上元水也。自當乘時趨避。以盡三元不替之妙。一句子依水朝元之說是也。勿徒執天地風雷。多談大局。反失元運眞機。

四維朝拱、三元不敗。

近坤八運足、近艮二運足。中元乾巽爲中宮。上元居東北。下元坐西南。

歌曰。四水朝歸會四龍。居中作宅是仙宮。不分元運時時發。子姓綿綿奕葉重。

坤

巽

艮

乾

又歌曰我爲指出眞龍法八卦方隅同一訣其中趨避有天機便曉孰與興孰發四水朝拱爲美局坎離交媾稱上格雙龍聚會是好龍乾巽兩催亦艮法屈曲之玄識來情江流湖蕩辨元脈此中秘密宜珍藏留與兒孫作寶筏

此即兩馬同槽之說原是一條水路也如丁兼未下元富貴三元不衰微分左右如丙兼巳中元發貴下元衰敗四十秋

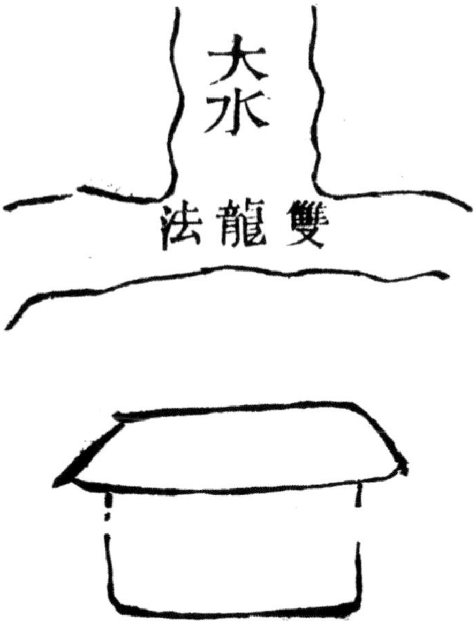

大水

雙龍法

一句予曰右列二則乃貴賤雜處之局也用法只在毫釐一出一入禍福係焉吉凶同域憂喜聚門也

元極 按前一圖乾坤艮巽四維朝拱之局上元居東北下元坐西南乃主三元不替歌曰不分元運時時發殊美其名而失其實矣後一圖丁兼未人地雜局也下元富貴者以兼未未二也下元七八運內可發富貴也并美其爲三元不替者以丁屬離卦訣云八方之水離爲尊用之適宜可許三元不替也又丙兼巳地人雜卦也中元發貴者巳屬巽於中元之前十年亦吉也下元衰敗四十秋者巳屬巽於數爲四下元九運四九爲友只七八運衰敗四十秋

也然丙丁同屬離卦丁可三元不替而丙獨不主三元不替乎此等說法皆執一之術不足以語神化者也

附採紫府寶鑑圓池圍任收氣圖

圓池圍任人居凡屋向池收宅背來氣屋背池收門向來氣如坐子收子氣向亦然二十四山做此按圖為太極天地之氣皆為所生發福極大

元極　按屋向池收宅背來氣。屋背池收門向來氣之說。亦界水止氣之通例也。要知屋向池而池水放光。乃得以水爲用。如坐一二三四之山。在一二三四之運。卽以六七八九之水爲吉水是也。若水不放光。而有向上空氣入宅。卽不得執此爲例矣。屋背池收門向來氣。雖無光照之理。亦必坐空朝滿。門向有眞氣貫入始准。

附採紫府寶鑑去來水進退氣立局圖

去

宅向去水氣進前局。如山之迴龍結。

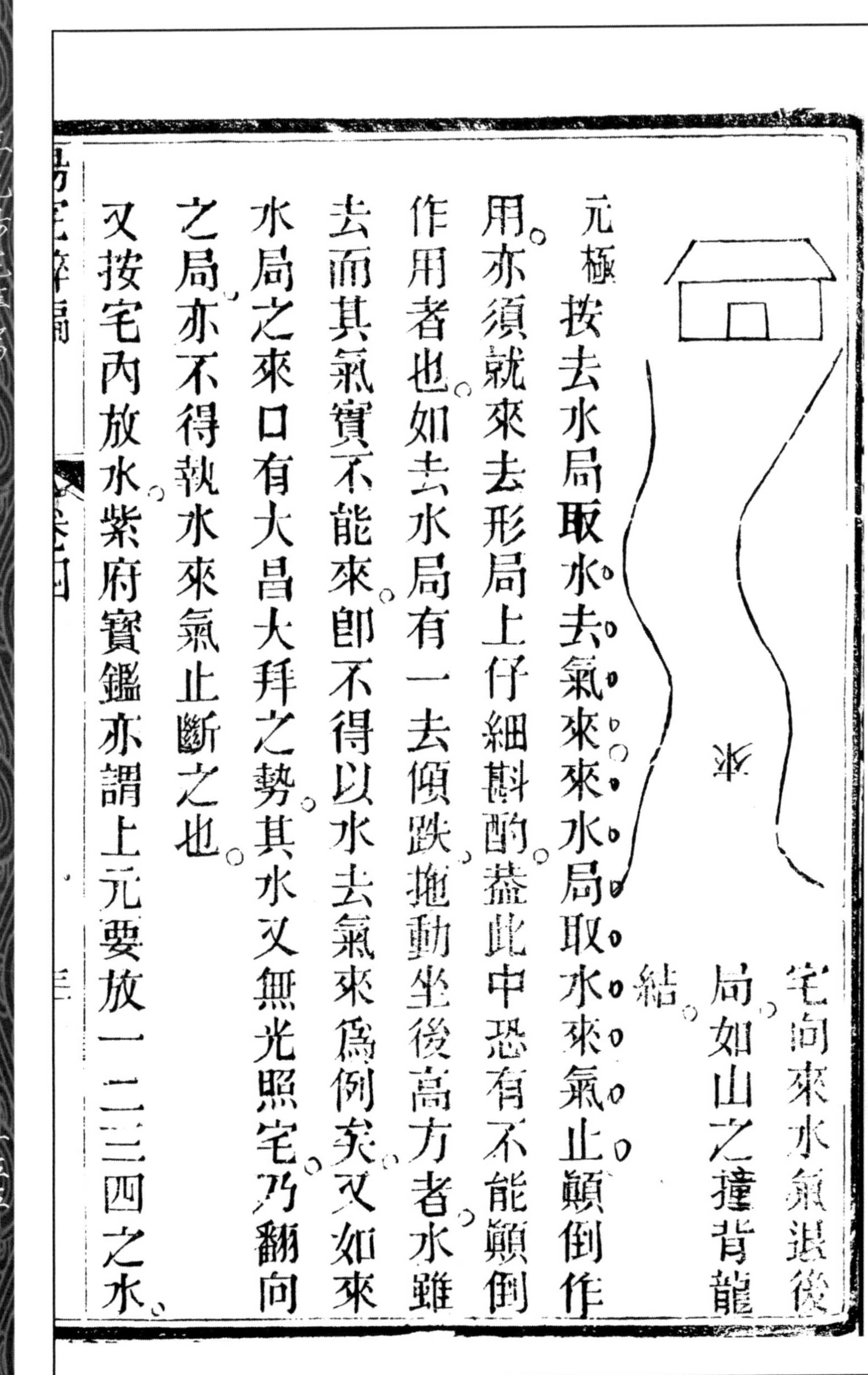


宅向來水氣退後
局如山之撞背龍
結。

元極
按去水局取水去氣來來水局取水來氣止顛倒作
用。亦須就來去形局上仔細斟酌。蓋此中恐有不能顛倒
作用者也。如去水局有一去傾跌。拖動坐後高方者。水雖
去而其氣實不能來。即不得以水去氣來爲例矣。又如來
水局之來口有大昌大拜之勢。其水又無光照宅。乃翻向
之局。亦不得執水來氣止斷之也。
又按宅內放水。紫府寶鑑亦謂上元要放一二三四之水。

下元要放六七八九之水以爲水去氣來試問宅內放水不過放壺設洞並作陰溝而已有何水去氣來之應鄧氏陰陽合纂則主宅內放水不可流破本元旺方正與紫府寶鑑之說相反可爲放水本法然亦屬小節之無足輕重者以形家言宅內之水但取其委曲放去可也

附井竈房床碓磨畜欄糞窖雜事宜忌

井宜掘在本元煞方反召生氣

竈宜壓本元煞方以向本元生方有以宅母命論吉凶諸法實不盡驗

房床宜安置本元煞方以迎本元生氣

碓磨此物震動有聲宜設本元生方以免動煞俗師左打青龍頭右打白虎腰之說勿拘

畜欄此生氣物宜壓本元煞方以向本元生方

糞窖宜壓本元煞方

經驗三元陽宅粹編卷之四終

# 跋

堪輿書之有圖也昔人云圖圖圖模糊又模糊以模糊而爲圖是引人之不模糊者亦竄入模糊之黑幕矣吾師經驗三元陽宅粹編有鑒於此命　性天　繪圖指示目標謂書置案頭有上下左右之分每繪一圖必以迎人面爲正面反人面爲背面左視線爲右側面右視線爲左側面是爲四大目標雖變化不一而八卦九宮總以正背左右各視線括之絕不似諸家宅書之模糊舊圖或正而背或背而正或左右相反而上下倒置模糊又模糊每令人展轉玩索而不能醒豁也況彼之模糊不但不足以壯美觀

而究於爻義何關於理氣何寓於形局何關是無怪天下陽宅之爲若輩作壞者觸處皆成黑幕也歟性天仰承吾師之引伸舊說糾正謬悠會通斟酌剪裁增補標明風局水局氣局種種圖式雖不能窮盡天下之宅相而舉一反三果能領會箇中旨趣一據實凌空而影隨形攝氣以光爻所有先哲不能顯傳之處亦顯傳之矣正背左右各視線較之舊圖孰模糊孰不模糊明眼人自有辨也

門人撻爲周性天謹跋

# 經驗三元陽宅粹編卷之五

天昌館華陽王元極編輯　周宗璞　楊天佑　參訂

門人　周性天繪圖　王之瑗　馮家華　校字

## 歸厚錄陽基章作者失名　明冷謙啟敬氏註

元極按世傳歸厚錄一書。有謂蔣大鴻得天官之秘。因著此篇。門人沈生爲之圖註者。然考范宜賓又謂是失名古本。係明冷謙註。蔣大鴻著地理辨正之外。只有天元五歌。別無他本。蔣宗城亦謂范氏此說爲確。則此書實出於蔣大鴻之前也。茲以天元歌論陽宅一章。與歸厚錄之陽基

章比較如出一轍益信天元陽宅之出自陽基章矣采陽基章爲天元陽宅探其本原仍題爲作者失名明冷謙啟敬氏註以示不没古本也

大輿之理豈惟藏形往古聖哲建都作京襟江帶河九野孕靈兆民萃處百渚聿興惟宅之基與墓合符墓氣凝結宅氣衍敷四野之地聚散有殊移宫改步自奥及隅爰立五機實爲中要一地二門三衢四橋五曰空鈌八風之竅獨尊三元微參九曜遊年卦例禍福不效墓氣從地宅氣從門一門一向縈落轉輪門通大道氣入家庭前後旁側分勢均形重門叶吉輿路相仍轉步衰位美惡相爭男女居室尊惟大倫房

闔是主堂階是賓祠廟奉祀神靈所憑營建若吉人鬼咸寧置宅廣原地符統貫比廬則聚單室恒渙若在都邑局尤遠漫儻獲沾濡厥功無算深山之宅八方蔽藏山形凹缺風來其方依高立局反氣舒陽以是主治庇蔭不常墓氣及骨宅氣及身此如滋條彼如灌根根榮以歲條茂及晨墓吉宅凶蓄齒食貧墓凶宅吉殃在後人墓宅並吉介福千春能不失馭邁種之英

冷謙曰大輿之氣不惟塋塚藏形而已即古聖王體國經野大而京師小而郡邑以至村落市鎮莫不有形局分合之勢焉其九龍立局之法與墓同符而不無小異蓋墓氣

只收一勺元辰之水而京都郡邑則取大江大河爲局至於各家宅氣又就其所倚小水而分九局且陰地取其凝結陽宅取其敷衍氣化亦有殊也四倚者或前或後或左或右專倚一水也倚一水則局眞雖作廣厦其氣皆不變然水有聚散之殊棄此就彼或及奧隅若在奧隅之地挂角立宅只中宮大勢收氣不雜左右截收氣有改變矣如挂角艮宅水貼西南二方近南水作坎前帶右廂近西水作震前帶左廂是也陰宅作在地中只穴內一氣陽宅作在地上不專以地氣作用兼取門氣益清處之上氣本橫行門戶一啟氣即從門而入其力與地氣相敵地衰門旺

地旺門衰吉凶参半須得門地兩旺然後可以招諸福門地之外又看道路道路局勢朝歸者作來氣斷橫截者作止氣斷朝路比來龍橫路比界氣所謂三衢橋梁同斷橋者隣居高峻也如艮方有高屋則氣被障斷反從艮方還轉氣來回向我宅所謂回風返氣自高及下者也高屋多則氣厚高屋少則氣淺若遠方高屋迢遞而來漸近漸低歸結到宅氣尤百倍矣缺空者方隅孔竅或在宅外或在宅內能引八風而入關乎禍福不可不知夫此五機惟以三元之衰旺爲興廢而於立向首仍以地局九星爲主然亦有不合九星不害其爲吉者故曰微參言不甚重也至

於遊年卦例推論值年神煞其實禍福不繫乎此若宅氣旺雖絕命五鬼何害於吉若宅氣衰雖天醫生氣何能救凶相宅者只將五機捘三元以定衰旺法盡此矣從地從門又申言門之爲重蓋地乃一定之物不能更移門則可隨方而改儘有失元之地改一旺門便能起衰得元之地改一衰門便能減福尺寸之地榮枯頓異不可不愼也門以迎大路爲重蓋氣在大路中隨人往來門之一啟便從門入前門後門旁側便門或凶或吉分遠近大小動靜冷熱而論興廢一宅只一門獨旺則全美無瑕若諸門皆旺則諸福並至其或轉入衰路凶門美惡相爭不能歸一亦

從長短親疏分辨贏輸至於宅中門內則尤以房門爲重益一陰一陽之謂道家道興衰在夫婦配合之際生男育女繼宗承祧皆緣於此宅內重門道路步步從旺方引來更開吉門迎之則五福全收矣若中堂正堂不過賓主酬酢之所非歸根復命之地不甚重也古人將營宮室宗廟爲先香火之地又須居吉人鬼咸寧乃爲安宅至於荒郊曠野之處立宅則五機之中專以地氣爲重與陰宅相似然尤必比屋聚廬而後可以會合風氣收攬陽和小屋必二三進始有蓄聚若一帶直屋及散布數椽氣皆渙散地雖吉不驗也若在城市五氣兼重不專以地局爲主然遠

水亦能乘旺發福更能近水沾染生氣福力非常若近衰水禍亦應矣深山之宅水氣輕微八方之山高障圍繞山形空缺之處爲通風引氣之門能司禍福法以近居一節爲主亦須斟酌氣口長短與夫宅之相招相背以測氣之淺深厚薄山口中若有人迹車馬往來引到宅地卽爲動氣夫陽宅禍福之應與陰墓無二然墓氣從亾者之骨蔭及生人力深而緩宅氣卽在本身力浮而速朝種暮熟智者固不得以陽而廢陰又何可重陰而廢陽也哉

陽宅三格辨　舊本作雲間蔣平階中陽子著

人生禍福之數陰宅居其半陽宅居其半若祖墓不沾凶氣

一遇吉宅輒至顯榮若住宅正屬衰危雖有佳扦亦難發達陽宅之不可不重如此我爲辨之有三格焉一曰井邑之宅二曰曠野之宅三曰山谷之宅

井邑之宅或居城郭或居市廛萬井烟火重闤比戶地脈朝向大略相同而攷其吉凶判然各別此其用街巷道路爲先方隅門風爲次而水局又次之蓋車馬人跡咽咽闐闐响振塵飛無非動氣此其噓枯吹生畯逼影捷不同岑寂之鄉若更獨得水局舟榜交橫必爲出格之宅得其元者百萬驟至卿相立躋蓋此宅也

曠野之宅以水爲主而風門方隅次之道路又次之若大江

大湖則其應大在小溪小澗則其應亦小此與平原龍法體格合一而微有細大之殊專擅一方氣鍾於特若元運綿長奕世永祧子孫不替蓋此宅也

山谷之宅以風爲主而餘皆次之蓋其風摩空而下障之者萬尋而滀之者千仞穿穴鳴條排山拔木其吹祥也發不旋踵其吹咎也殄無餘跡非得眞元之氣我不欲居也嗚呼我安得三元不替之深山窟穴而世其休乎雞犬桑麻與世迴殊擬於仙都蓋此宅也

凡此三宅皆擇堂氣開舒水泉平衍之地而築之而不關於龍脈之結聚世人以爲龍脈結成陽宅此說非也即大而郡

邑更大而京師亦擅氣局非關龍脈其所謂勢聚而已氣聚而已豈有金針玉線纏綿絡繹而入我之戶牖哉蓋山龍之氣一縷靈光如花房含露香味細滑但與人之骨髓相薄不堪遍洒於堂階戶閾凡陽宅之所收者外氣而已山川風物挹覽光華雲奔電轉其作用在土泉之表非求之地絡之陰至於翻卦遊年此占年之小數非定宅之正經苟知楊曾眞八宅之旨則概可貫矣皆昔人未發之義予特爲辨晰以告世之工排相宅者

## 傳家陽宅得一錄

舊本於篇末題歲在丁巳六月蔣平階大鴻氏撰

元天垂象九霄開梵氣之中大地炳靈九野兆坤維之紀龍

馬以河圖啟瑞神龜以洛書效珍剖混沌之先機昭乾坤之大法自然妙化至人因之建都邑以御萬邦授室廬以綏兆姓明堂九室見於月令之書方井八家考之徹田之制粵稽黃帝始創合宫我祖周公爰營洛邑當時著爲憲令後世遵爲遺規生民日用而不知聖人先知而不議秦火之後典籍蕩然千聖所秘心傳一線寄諸哲士黃石授之圯上乃出青囊蕭相功成未央大開北闕成於管郭微言莫稽比及楊曾正術始顯嗣是僞書雜出異執爭馳家家造滅蠻之經人人排掌中之卦辭能害志妄且亂眞斯固世運之乖微抑亦天機之隱秘不得雲陽之訣豈知幕講之傳萬世洪濛一朝剖

破坐山定宅宅既不眞東西分宮宮亦同謬五鬼六害豈皆絕命之神生氣天醫不盡延年之宿貪狼巨門高聳本是吉星廉貞破軍昂頭詎眞凶曜欲執遊年訣法斷無取驗機關要明八宅之眞先識九宮之數年分六甲運轉三元上元一白爲君震坤夾輔中元四綠居首五六相承七赤下元艮離襄旺春榮秋落莫尋出運之龍陽往陰來雖遇本宮之水正直偏曲惟貴格清廣狹淺深只求位的形局之模糊猶可方隅之雜亂難言曠野平原端取流神結體闤廟村鎮都將衢路分蹤城隅依城爲局山國傍山立元高樓峻宇嶠星借插於隣家堰壩橋梁動氣交衝乎轍跡牆帷皆能障蔽竹木亦

可闌當總之水爲引氣之元精察其來又看兜抱風是送氣之神性恐其散須用遮闌呼吸須辨陰陽化機總歸一物風之所送卽是水之所變陽之所噓亦卽陰之所吸交如牝牡影類隨形應若宮商似響斯答水氣在土膚之上當以光交風氣來空虛之中但隨質取光交親憑目覩質取變有多端若逢空缺卽爲來一有遮闌當作止辨明來止二氣方知噓吸眞機更有宅神尤多妙用權衡內外錙銖吉凶盡外氣是宅外之風水內氣是宅內之方隅內外俱吉是仙宮內外俱凶成廢宅外凶內吉僅許小康外吉內凶難除瑕玷此言曠野一家之宅非言城市比屋之居若夫接宇連甍尤重升堂

入室略陳規矱以備推求大體先論宅形機括更看門路四方端正備有八宮濶褊直長偏居二一卦一曲須論首尾三灣亦取兩頭長短消除廣狹轉變兼方合卦有左衰右旺之時曲勢斜形辨此清彼濁之界卦有定理格不一方假若震兌橫几二卦均適艮巽磬形兩宮並至試問闢門何地乃知氣入之源嚴搜內室何方始定歸根之際若門逼前後則卦不一專更卧室居中則氣收兩舍向兼寅甲坐雜亥壬東房當則西房必貧南枝榮則北枝定萎先察重輕於門路方測淺深於卦爻析爨乃彰合居不判欲較門之力量亦辨宅之形模方宅四週門通八國如其曲折難以推移坤向深沉離兌

二門皆不應正南重疊巽坤兩戸總無憑門若居中左右截然分氣門開旁側。一邊獨領眞情全憑內路之曲直短長引神入室弁審旁門之有無錯雜漏氣奪胎總之多門不如一門之精專遠路豈同近路之親切總門統一家宅主之隆替房門辨夫婦衽席之安危別有男女弟昆驗分居之房舍下至奴僕妾媵據所授之一壓萬花谷裡豈無一樹先零數畝池中亦有鯨鯢漏網宅大則所招之氣必遠宅小則所受之氣亦微總求領氣爲樞機細審眞方分順逆改一門頓覺枯菀移一巷立辨災祥折屋添房看取東宮西舍整新換舊寧知旺位衰方或彼家吉而此家凶或昔日興而今日替其機可畏其理難知嘆肉食之終迷遇眞人而罔覺有宅於此人所共疑何祖父顯而末祚中微何故主傾而更姓驟起亦有弟肥兄瘦豈無主弱奴强愚人不識氣機輒議全無宅法不見芳春蓊薈沽秋霜而自凋譬諸大旱赤燋沛甘霖而立起吉人趨其景運薄祚遘其衰時實有天心適符地脈此理捷於影響至人秘而不傳世重葬經每輕宅相夫反氣入骨固人道報本之常經而立命安身亦孝子守身之本務祖先實以後昆爲血脈邱墓反因住宅爲安危其理甚微不可不察且死者已枯之骨非歷久而不榮生人食息之場隨呼吸而立應欲求朝悴暮榮之術須識移宮換宿之奇歷試不逾吾

言若契將有所任慎簡其人苟非同天地之心何能通造化之源按圖索驥難悉端倪觸類引伸粗陳大概省察之精寓乎目變通之巧在乎心書不盡言言不盡意果精其術眞堪羽翼斯民克守遺規庶以延長世澤至理不易上士不能傳之下愚天道無私祖父豈敢私其孫子我滋懼矣尚慎旃哉

元極

按尹一勺四秘書所載陽宅三格辨傳家陽宅得一錄均認爲蔣大鴻氏之眞本而不計及蔣子自言作地理辨正之外只有天元五歌別無所謂秘本也然考其發揮陽宅作用較天元歌更詳其理其詞與天元秘旨一貫雖非蔣子著述亦實由蔣子之學說以推闡者輯諸粹編之

末益取以羽翼天元陽宅云爾

附先天八卦斷驗見地理陰陽合纂

乾爲首卽後天之離離上有河口反弓墩埠閉塞而不圓滿者主出僧道禿子墩埠破碎者出鬎鬁風目疾或生贅疣墩埠圓滿而秀山水不反弓而纏繞者主出打造金銀器皿及染作工匠之流如有河口汊港七羊八父看其立何向以定羊父在何位斷其或男或女不生育如有拖刀形主出遊方僧道不還鄉風吹婦女隨人走墩埠破碎重則主人頭項之病而死輕則頭風瞽目鬎禿及女子墮胎產難中午位爲父偏丙爲男偏丁爲女如有河口七羊八父主出淫佚無度而

敗絕此離方之斷也

兌爲口即後天之巽巽上有河口反弓河濱沖射主傷口唇或大舌或口歪或缺嘴或啞子或口病傷身隨其形像而斷之中巽位爲妻偏巳爲男偏辰爲女得令之時僅斷其口病而已若砂水爲舌尖射主出尖嘴尖臉好說是非或出師巫若破碎似倒卧之狀主出羊瘋病失令之時直斷其出盜賊倘砂水直射主出剪壁穿牕之賊死於刀劍之下砂水如灣弓拖鈎作賊而問絞罪或主縊死如有墩埠破碎及逆砂水水反弓而出者主重四大約乾坤艮巽四卦與寅申巳亥之河濱鈎抱者主出投繯縊死辰戌丑未之河濱鈎抱者俱主

作賊問絞罪。逆水反弓者。主重罪。此巽方之斷也

離爲目。即後天之震。震方有河口反弓。及砂濱如箭冲射者。主出瞎子。墩埠如釜破者。主中滿龜背蛇腰。淫慾墮胎。且出變童。主問罪。如有遠水在外洋。飄飄渺渺。若浮若沉。主出近視。且出女人淫奔。隨形直斷。中卯位爲中女。偏甲爲男。偏乙爲女。得令之時。斷其有目疾。此震方之斷也。

震爲足。即後天之艮。艮方有破墩河口反弓。或支河乂港。七羊八乂。如箭射冲而來。主折足癱瘓。不能行走。或殘廢一足。及有足氣風濕之症。如砂反直射。主兩足一樣。看形而斷。中艮位爲長男。偏丑爲婦。偏寅爲男。得令之時。出足疾。失令之

時因足疾而死。且出倖童下賤之人。此艮方之斷也。

巽為股。即後天之坤。坤方有河口反弓。及砂濱口如箭沖射。主失股癱瘓或生惡毒。水口道路如繩索。主出木匠工役。如有糞坑牛池污穢。主出狐腋口臭之傳隨形而斷。中坤位為老母。偏未為婦。偏申為男。得令時僅有股疾。失令時因股疾而死。且出雞姦下賤之人。因淫失股。此坤方之斷也。

坎為耳。即後天之兌。兌方有河口反弓墩埠閉塞支河义港。七羊八义。主出耳病。或痛或聾。吐血心痛。並出盜賊。以坎為耳為溝瀆。其於人也亦然。隨形而斷。酉位為中男。左庚男右辛女。得令時有耳疾。失令時因耳病而亡。淫慾下賤。此兌方之斷也。

艮爲手。即後天之乾。乾方有河口反弓。墩埠閉塞。或支河叉港七羊八叉。砂脚冲射。主有手疾。或折手折指。失令時主出狗盜穿壁之人。濱口如繩索者。主作賊充軍絞斬。並自縊而亾。隨形而斷。中乾位爲老父。偏戌爲婦。偏亥爲男。得令時斷有手疾。如砂水有犯。雖富貴之家。亦出傷手之人。此乾方之斷也。

坤为腹。即後天之坎。坎方有河口反弓。及砂脚濱口。如箭冲射。主斷其有腹疾。肚腹心痛。蠱脹血崩。墜胎産厄等事。隨形而斷。偏子爲母。偏壬爲男。偏癸爲女。得令時斷其腹疾。主出

造治之人。尖令直斷其邪淫下賤等事。此坎方之斷也

以上所採紫府寶鑑立宅瑣言　節錄

立宅之法。方位要真。安放經盤。要有定法。不然議論雖確。而安經盤之位不的。亦為自悞。何能收天心天氣以及我居乎。其法有定焉。論外面高屋。以香火堂棟脊正中安經盤。論家內六事。以棟前第二架桁底。論行大門以項對簷枋。論外門以大門中。至外門雖多。俱由門起門。每門從門口安經盤。引出使外面一度度引氣入宅。此門上開門論開房門。在房之中。看何位能引生旺氣入房。非在廳以論房門也。論放天井水度天井左右前三方折中。世有不解天井放水之義。多在

天井中間或云在簷滴水下云是水上放水又云或在天井心此執中無權者也凡天井直長是不合法即可對簷滴水施行若天井橫長則挨上階基邊或牽入堂前不定蓋本三方折中取用從門口內牽線入即以盤針就線頭此偷建造宅外之宅本應星高屋與看遠近嶠星並開門放水看內六事安經盤之總法也如逼鄉立社及開閘門係在村之致中前坐照牆邊安經盤建文閣則在村心搭高臺飛線照去取方位若鄉外宗祠欲建文筆則在祠之正樑脊中此一定之法也至論一宅之方位以本宅所占之長短濶狹而定均分八方以定佈用此統體一太極也若臥房中亦分八方以取

生旺此一物一太極也。一定分方與定龍定局之法相類。前後直長者。左右長處各分爲三。而前後狹處亦各以三分之。左右橫濶者。前後濶處各分爲三。而左右短處亦各以三分。幷只據四面所占而定。所以法地之方也。其前後濶狹並左斜不齊者。皆依所占而均分之。乃得吉凶判然。智者觸類旁通。盡立宅之能事矣。

經驗三元陽宅粹編卷之五終

# 跋

地理書多以陰陽二宅並提而論誠以陰地爲死者計而陽宅尤必爲生人計也郭景純葬書以返氣納骨鬼福及人爲訓間接猶可生效而陽宅生人直接關係三元九運空氣勝於地氣響應又有何疑己巳夏 愚 得營山李鐵樵秘書長介紹與天昌舘之建五先生遇於蓉垣爲求地理三元眞諦心切葬事問題初無意於陽宅也談次情投並得見 先生之陽宅粹編二册時甫脫稿尚未付諸手民 愚 即欣然願助梨棗越半載而刊刻竣工從來陽宅少有善本此編一出紙貴洛陽固不待 愚 之鼓吹也 愚 老矣於陰陽二宅之精粹有

生未逮遺憾良多然孔子有言朝聞道夕死可矣愚又未嘗不竊有所幸也謹此跋

中華民國十八年己巳長至日蜀西江原袁福九跋於成都少城之寓所時年六十有八也

| 編號 | 書名 | 作者 | 說明 |
|---|---|---|---|
| **占筮類** | | | |
| 1 | 擲地金聲搜精秘訣 | 心一堂編 | 沈氏研易樓藏稀見易占秘鈔本 |
| 2 | 卜易拆字秘傳百日通 | 心一堂編 | |
| 3 | 易占陽宅六十四卦秘斷 | 心一堂編 | 火珠林占陽宅風水秘鈔本 |
| **星命類** | | | |
| 4 | 斗數宣微 | 【民國】王裁珊 | 民初最重要斗數著述之一；未刪改本 |
| 5 | 斗數觀測錄 | 【民國】王裁珊 | 失傳民初斗數重要著作 |
| 6 | 《地星會源》《斗數綱要》合刊 | 心一堂編 | 失傳的第三種飛星斗數 |
| 7 | 《斗數秘鈔》《紫微斗數之捷徑》合刊 | 心一堂編 | 珍稀「紫微斗數」舊鈔秘本 |
| 8 | 斗數演例 | 心一堂編 | |
| 9 | 紫微斗數全書（清初刻原本） | 題【宋】陳希夷 | 斗數全書本來面目；有別於錯誤極多的坊本 |
| 10－12 | 鐵板神數（清刻足本）——附秘鈔密碼表 | 題【宋】邵雍 | 無錯漏原版秘鈔密碼表 首次公開！ |
| 13－15 | 蠢子數纏度 | 題【宋】邵雍 | 蠢子數連密碼表打破數百年秘傳 首次公開！ |
| 16－19 | 皇極數 | 題【宋】邵雍 | 清鈔孤本附起例及完整密碼表研究神數必讀！ |
| 20－21 | 邵夫子先天神數 | 題【宋】邵雍 | 附手鈔密碼表研究神數必讀！ |
| 22 | 八刻分經定數（密碼表） | 題【宋】邵雍 | 皇極數另一版本；附手鈔密碼表 |
| 23 | 新命理探原 | 【民國】袁樹珊 | 子平命理必讀教科書！ |
| 24－25 | 袁氏命譜 | 【民國】袁樹珊 | |
| 26 | 韋氏命學講義 | 【民國】韋千里 | 民初二大命理家南袁北韋北韋之命理經典 |
| 27 | 千里命稿 | 【民國】韋千里 | |
| 28 | 精選命理約言 | 【民國】韋千里 | |
| 29 | 滴天髓闡微——附李雨田命理初學捷徑 | 【民國】袁樹珊、李雨田 | 命理經典未刪改足本 |
| 30 | 段氏白話命學綱要 | 【民國】段方 | 民初命理經典最淺白易懂 |
| 31 | 命理用神精華 | 【民國】王心田 | 學命理者之寶鏡 |

| 編號 | 書名 | 作者 | 備註 |
|---|---|---|---|
| 32 | 命學探驪集 | 【民國】張巢雲 | 發前人所未發 稀見民初子平命理著作 |
| 33 | 澹園命談 | 【民國】高澹園 | |
| 34 | 算命一讀通——鴻福齊天 | 【民國】不空居士、覺先居士合纂 | |
| 35 | 子平玄理 | 【民國】施惕君 | |
| 36 | 星命風水秘傳百日通 | 心一堂編 | |
| 37 | 命理大四字金前定 | 題【晉】鬼谷子王詡 | 源自元代算命術 |
| 38 | 命理斷語義理源深 | 心一堂編 | 稀見清代批命斷語及活套 |
| 39-40 | 文武星案 | 【明】陸位 | 失傳四百年《張果星宗》姊妹篇 千多星盤命例 研究命學必備 |
| **相術類** | | | |
| 41 | 新相人學講義 | 【民國】楊叔和 | 失傳民初白話文相術書 |
| 42 | 手相學淺說 | 【民國】黃龍 | 民初中西結合手相學經典 |
| 43 | 大清相法 | 心一堂編 | 重現失傳經典相書 |
| 44 | 相法易知 | 心一堂編 | |
| 45 | 相法秘傳百日通 | 心一堂編 | |
| **堪輿類** | | | |
| 46 | 靈城精義箋 | 【清】沈竹礽 | 沈氏玄空遺珍 玄空風水必讀 |
| 47 | 地理辨正抉要 | 【清】沈竹礽 | |
| 48 | 《玄空古義四種通釋》《地理疑義答問》合刊 | 沈瓞民 | |
| 49 | 《沈氏玄空吹虀室雜存》《玄空捷訣》合刊 | 【民國】申聽禪 | |
| 50 | 漢鏡齋堪輿小識 | 【民國】查國珍、沈瓞民 | 失傳已久的無常派玄空經典 |
| 51 | 堪輿一覽 | 【清】孫竹田 | |
| 52 | 章仲山挨星秘訣（修定版） | 【清】章仲山 | 章仲山無常派玄空珍秘 門內秘本首次公開 沈竹礽等大師尋覓一生末得之珍本！ |
| 53 | 臨穴指南 | 【清】章仲山 | |
| 54 | 章仲山宅案附無常派玄空秘要 | 心一堂編 | |
| 55 | 地理辨正補 | 【清】朱小鶴 | 玄空六派蘇州派代表作 |
| 56 | 陽宅覺元氏新書 | 【清】元祝垚 | 簡易・有效・神驗之玄空陽宅法 |
| 57 | 地學鐵骨秘 附 吳師青藏命理大易數 | 【民國】吳師青 | 釋玄空廣東派地學之秘 |
| 58-61 | 四秘全書十二種（清刻原本） | 【清】尹一勺 | 玄空湘楚派經典本來面目 有別於錯誤極多的坊本 |

| 編號 | 書名 | 作者 | 說明 |
|---|---|---|---|
| 62 | 地理辨正補註 附 元空秘旨 天元五歌 玄空精髓 心法秘訣等數種合刊 | 【民國】胡仲言 | 貫通易理、巒頭、三元、三合、天星、中醫 |
| 63 | 地理辨正自解 | 【清】李思白 | 公開玄空家「分率尺、工部尺、量天尺」之秘 |
| 64 | 許氏地理辨正釋義 | 【民國】許錦灝 | 民國易學名家黃元炳力薦 |
| 65 | 地理辨正天玉經內傳要訣圖解 | 【清】程懷榮 | 秘訣一語道破，圖文并茂 |
| 66 | 謝氏地理書 | 【民國】謝復 | 玄空體用兼備、深入淺出 |
| 67 | 論山水元運易理斷驗、三元氣運說附紫白訣等五種合刊 | 【宋】吳景鸞等 | 失傳古本《玄空秘旨》《紫白訣》 |
| 68 | 星卦奧義圖訣 | 【清】施安仁 | 三元玄空門內秘笈　清鈔孤本<br>過去均為必須守秘不能公開秘密<br>與今天流行飛星法不同 |
| 69 | 三元地學秘傳 | 【清】何文源 | |
| 70 | 三元玄空挨星四十八局圖說 | 心一堂編 | |
| 71 | 三元挨星秘訣仙傳 | 心一堂編 | |
| 72 | 三元地理正傳 | 心一堂編 | |
| 73 | 三元天心正運 | 心一堂編 | |
| 74 | 元空紫白陽宅秘旨 | 心一堂編 | |
| 75 | 玄空挨星秘圖 附 堪輿指迷 | 心一堂編 | |
| 76 | 姚氏地理辨正圖說 附 地理九星并挨星真訣全圖 秘傳河圖精義等數種合刊 | 【清】姚文田等 | 蓮池心法　玄空六法<br>門內秘鈔本首次公開 |
| 77 | 元空法鑑批點本——附 法鑑口授訣要、秘傳玄空三鑑奧義匯鈔 合刊 | 【清】曾懷玉等 | |
| 78 | 元空法鑑心法 | 【清】曾懷玉等 | |
| 79 | 曾懷玉增批蔣徒傳天玉經補註【新修訂版原（彩）色本】 | 【清】項木林、曾懷玉 | |
| 80 | 地理學新義 | 【民國】俞仁宇撰 | 揭開連城派風水之秘 |
| 81 | 地理辨正揭隱（足本） 附連城派秘鈔口訣 | 【民國】王邈達 | |
| 82 | 趙連城傳地理秘訣附雪庵和尚字字金 | 【明】趙連城 | |
| 83 | 趙連城秘傳楊公地理真訣 | 【明】趙連城 | |
| 84 | 地理法門全書 | 仗溪子、芝罘子 | 巒頭風水，內容簡核、深入淺出 |
| 85 | 地理方外別傳 | 【清】熙齋上人 | 巒頭形勢、「望氣」「鑑神」 |
| 86 | 地理輯要 | 【清】余鵬 | 集地理經典之精要 |
| 87 | 地理秘珍 | 【清】錫九氏 | 巒頭、三合天星，圖文並茂 |
| 88 | 《羅經舉要》附《附三合天機秘訣》 | 【清】賈長吉 | 清鈔孤本羅經、三合訣法圖解 |
| 89-90 | 嚴陵張九儀增釋地理琢玉斧巒 | 【清】張九儀 | 清初三合風水名家張九儀經典清刻原本！ |

| 編號 | 書名 | 作者 | 說明 |
|---|---|---|---|
| 91 | 地學形勢摘要 | 心一堂編 | 形家秘鈔珍本 |
| 92 | 《平洋地理入門》《巒頭圖解》合刊 | 【清】盧崇台 | 平洋水法、形家秘本 |
| 93 | 《鑒水極玄經》《秘授水法》合刊 | 【唐】司馬頭陀、【清】鮑湘襟 | 千古之秘，不可妄傳匪人 |
| 94 | 平洋地理闡秘 | 心一堂編 | 雲間三元平洋形法秘鈔珍本 |
| 95 | 地經圖說 | 【清】余九皋 | 形勢理氣、精繪圖文 |
| 96 | 司馬頭陀地鉗 | 【唐】司馬頭陀 | 流傳極稀《地鉗》 |
| 97 | 欽天監地理醒世切要辨論 | 【清】欽天監 | 公開清代皇室御用風水真本 |
| **三式類** | | | |
| 98-99 | 大六壬尋源二種 | 【清】張純照 | 六壬入門、占課指南 |
| 100 | 六壬教科六壬鑰 | 【民國】蔣問天 | 由淺入深，首尾悉備 |
| 101 | 壬課總訣 | 心一堂編 | 過去術家不外傳的珍稀六壬術秘鈔本 |
| 102 | 六壬秘斷 | 心一堂編 | |
| 103 | 大六壬類闡 | 心一堂編 | |
| 104 | 六壬秘笈——韋千里占卜講義 | 【民國】韋千里 | 六壬入門必備 |
| 105 | 壬學述古 | 【民國】曹仁麟 | 依法占之，「無不神驗」 |
| 106 | 奇門揭要 | 心一堂編 | 集「法奇門」、「術奇門」精要 |
| 107 | 奇門行軍要略 | 【清】劉文瀾 | 條理清晰、簡明易用 |
| 108 | 奇門大宗直旨 | 劉毗 | 天下孤本 首次公開 |
| 109 | 奇門三奇干支神應 | 馮繼明 | 虛白廬藏本《秘藏遁甲天機》 |
| 110 | 奇門仙機 | 題【漢】張子房 | 奇門不傳之秘 應驗如神 |
| 111 | 奇門心法秘纂 | 題【漢】韓信（淮陰侯） | |
| 112 | 奇門廬中闡秘 | 題【三國】諸葛武侯註 | |
| **選擇類** | | | |
| 113-114 | 儀度六壬選日要訣 | 【清】張九儀 | 清初三合風水名家張九儀擇日秘傳 |
| 115 | 天元選擇辨正 | 【清】一園主人 | 釋蔣大鴻天元選擇法 |
| **其他類** | | | |
| 116 | 述卜筮星相學 | 【民國】袁樹珊 | 民初二大命理家南袁北韋 |
| 117-120 | 中國歷代卜人傳 | 【民國】袁樹珊 | 南袁之術數經典 |